Manuela Starkmann

Erkenne Deine inneren Ratgeber
und finde zurück zu Deiner Klarheit!

Ein weltlicher und spiritueller Dokumentar-Roman
mit einer klaren Anleitung zum GlücklichSein

Manuela Starkmann

Erkenne Deine inneren Ratgeber und finde zurück zu Deiner Klarheit!

Ein weltlicher und spiritueller Dokumentar-Roman mit einer klaren Anleitung zum GlücklichSein

Bestseller VERLAG GmbH

Die Inhalte in diesem Buch sind von der Verfasserin mit größter Sorgfalt erarbeitet worden. Aber sie ersetzen keine Untersuchungen, Diagnosen, Behandlungen durch einen Arzt oder Heilpraktiker. Alle Informationen sollen Interessierten eine unverbindliche Orientierungshilfe sein. Eine Garantie kann nicht übernommen werden. Ebenso ist eine Haftung der Verfasserin für Personen-, Sach- oder Vermögensschäden ausgeschlossen.

ISBN 978-3-9818021-1-5

Es wird darauf verwiesen, dass alle Angaben in diesem Werk trotz sorgfältiger Bearbeitung ohne Gewähr erfolgen und eine Haftung des Autors oder des Verlags ausgeschlossen ist.

Umschlag & Satz: REVIERMEDIA, Bahnhofstraße 45, 44623 Herne

www.reviermedia.com

© BV Bestseller Verlag GmbH, Bochum 2016

Universitätsstaße 60

44789 Bochum

www.bestseller-verlag.com

info@bestseller-verlag.com

0234 / 96 29 05 25

Widmung

Für alle Menschen auf der Erde,
die wieder in ihrer Klarheit sein wollen.

Für die Spirits der geistigen Welt,
damit sie hier noch mehr offene Herzen vorfinden.

Danke Tom.

GEBRAUCHSANWEISUNG

Dieses Buch ist absolut nichts für Dich, wenn Du …

- ∞ alles beim Alten belassen willst.
- ∞ Scheuklappen vor Augen und Herz hast.
- ∞ Dir nicht mal vorstellen magst, dass es mehr gibt.
- ∞ schon alles weißt.
- ∞ bewertest und interpretierst.
- ∞ skeptisch bist, um grundsätzlich dagegen-zu-sein.
- ∞ den Unterschied zwischen Eindruck / Meinung und (Vor)Urteil nicht kennst.
- ∞ ein „Wasch mich, aber mach mich nicht nass"-Mensch bist.
- ∞ schnell rausfindest, warum etwas schlecht oder falsch ist.
- ∞ Deinen Glauben gefunden und fixiert hast.

Dieses Buch passt jetzt wundervoll zu Dir, wenn Du …

- ∞ nicht weiter suchen, sondern finden willst.
- ∞ meine Impulse mit Deinen erGÄNZEn magst.
- ∞ weißt, dass Du mehr als nur ein menschlicher Körper bist.
- ∞ Bestätigendes sowie Neues als persönlichen Gewinn wahrnimmst.
- ∞ klare Antworten und Lösungen, in Dir, finden willst.
- ∞ Spaß hast, Dich neu und wieder und wieder neu zu entdecken.
- ∞ bereit bist, Dein Bewusst-Sein zu erWEITErn.
- ∞ Lust hast und Dich darauf freust, dICH zu transFORMieren.
- ∞ Deine inneren (Haupt-)Ratgeber besser kennen lernen magst.
- ∞ endlich wieder in Deiner ureigenen, inneren Klarheit sein willst.

SPIELrEgelN

- Es ist Deine LebensZeit. Du musst dieses Buch nicht lesen. Doch wenn Du es liest, dann sei offen und nimm auch den Subtext wahr.
- Hier gibt's kein falsch oder richtig, gut oder böse. Ich beschreibe, was für mich stimmig ist und was ich lebe. Was Du tust, obliegt Dir.
- Statt „Kann nicht sein", „Das geht doch gar nicht", übe Dich im bewertungsfreien lesen, lernen und selbst erleben ... in Deiner Zeit.
- Du entscheidest, was Du verändern willst. Das hat die Spannbreite von: nix bis alles, jetzt bis später.
- Wenn Du etwas dooov und / oder unpassend findest, dann halte Dich nicht damit auf. Wende Dich dem zu, was Dir gleich hilft und für Dich stimmig ist.
- Interpretiere in den Text nichts hinein. Vor allem nicht, was ich auch gar nicht geschrieben habe. Es ist alles einfacher als Du vielleicht denkst.
- Ich schreibe ein kurzes, klares Werk für Dich und verzichte deshalb auf Ausführungen in epischer Breite. Schau bitte selbst, was Du für Dich übertragen kannst – gar nicht, ähnlich, identisch.
- Bring eine große Portion Humor mit. Er ist Dir im Leben, besonders beim Erkennen und Verändern, eine wertvolle Hilfe.
- Hier gibt's kein Inhaltsverzeichnis. Das Buch besteht aus zwei Teilen – die hinFührung und die aufLösung. IdealerWeise liest Du beim ersten Mal ganz gemütlich von vorn bis hinten. Am Ende fügt sich alles.
- Du hast vor Dir keinen „les-ich-mal-schnell-durch-Roman". Ich möchte Dich auf eine emotionale, liebevolle Reise mitnehmen. Darum lass bitte weniger Deinen Kopf und dafür mehr Dein Herz mitlesen.
- Ich sehe die Welt, und somit auch die der Sprache, anders. Deshalb habe ich meine eigene SchreibWeise. Sie ist anders. Viel Spaß damit.
- Das Buch hat nur ein Ziel: Klarheit! Finde (damit) zurück zu Deiner Klarheit. Du wirst staunen, was sich dann alles in Deinem Leben beWEGt.
- Wir begegnen uns hier auf sehr besondere Weise. Ich erlaube mir, Dich mit dem vertrauensvollen, persönlichen „Du" anzusprechen.
- **Lebe** Deine Klarheit! Lebe **Deine** Klarheit! Lebe Deine **Klarheit**!

ANFANG

„An den Scheidewegen des Lebens stehen keine Wegweiser.“
- Charlie Chaplin -

Die Menschen, die zu mir kommen, suchen Klarheit. Viele sorgen sich, dass sie sie verloren haben ... oder schlimmer ... dass sie sie noch nie hatten. Wenn mir mein Gegenüber etwas Derartiges sagt, bin ich traurig. Weil ich weiß, wie sich die Situation für ihn anfühlt und weil ich die Lösung kenne, mir wünsche, sie wäre „ganz normales Wissen“. Stattdessen erhellt sich dieser Lebensbereich oft erst nach Jahren oder Jahrzehnten. Während dieser Zeit ging es den Menschen nicht gut oder zumindest nicht so gut, wie es möglich gewesen wäre. Lebens-Zeit vergeht. Sie suchen und sie zweifeln, meist an sich. Weil sie meinen, dass sie so viel ver-suchen und dennoch am Ende nicht weiterkommen, raus aus dem Hamsterrad „mehr, besser, schneller“.

So oft habe ich gehört *„Ich fühle mich orientierungslos und erschöpft“, „Ich bin müde und leer“, „Egal was ich tue, am Ende kommt nix bei raus“, „Ich komme alleine nicht weiter“, „Das kann es doch nicht gewesen sein ... in meinem Leben ... da muss doch noch was kommen“.* Kein Wunder, dass physische und psychische Krankheiten, wie z. B. Depressionen und Burnout, ansteigen. Wer sich sein Leben lang verbiegt – um sich einerseits einem System anzupassen und andererseits ganz genau fühlt, dass das nicht (zu ihm) passt ... was wiederum zu Unsicherheit und SelbstZweifel führt – der verliert eventuell die Lebensfreude und Gesundheit.

Ich kenne das. Sowohl aus meinem Leben als auch, weil ich hellfühlig spüre, wie es meinem Gegenüber geht. Damals, als ich es in meinem eigenen Leben erlebte, entschied ich mich, dass ich das nicht einfach nur aussitzen, alles schon „irgendwie rumbringen“ oder ein Vermeidungsleben führen will. Ich wollte etwas verändern, lernen, lösen sowie anderen Menschen zeigen, was im Bereich des Möglichen ist.

Mein damaliger Beruf als selbständiger Trainer und Coach war sehr nah am Thema „Persönliche Weiterentwicklung“. Doch ich vermittelte nur Techniken, z. B. Verkauf und Führung. Ich fütterte sozusagen meinen Kopf mit Wissen und gab es dann an Kunden und Teilnehmer weiter. Das war schön ... doch es fühlte sich nicht vollkommen (rund) an. Da fehlte so viel

… mir und auch den Herzen, die mir gegenüber waren. Über den langen Weg von Versuch und sehr viel Irrtum wurde mir klar, dass ich anders bin und dem zu Folge mein Wirken und mich anders benennen möchte. Du liest diesen Prozess hier in wenigen Sätzen. Ich darf Dir mitteilen: Er hat Jaaahre gedauert. In meinem Herz war klar, dass ich so weder arbeiten noch leben wollte ./. in meinem Kopf war klar, dass ich arbeiten musste, um zu über-leben und gefälligst das mache, was ich kann und der Markt einen Bedarf dafür hat. Ich möchte Dich nun nicht in meine, auch finanziell, schwierigen Trauer-Jahre mitnehmen, sondern Dir lieber davon erzählen, was mir geholfen hat, die passende Lösung für mich zu finden. Diese ist wiederum auch die Lösung für Dich. Das Ergebnis meiner Suche war, dass ich in mir die Klarheit gefunden habe, mich auf Klarheit zu spezialisieren!

Was ist Klarheit?

Viele verstehen das nicht gleich oder verwechseln da etwas Elementares. Denn viele denken, wenn sie Klarheit-haben, dann sind sie in ihrer Klarheit. Nein. Klarheit-haben hilft Dir, eine rationale Entscheidung zu treffen. Wenn Du z. B. viele Testberichte über Autos liest, kannst Du entscheiden welches Du willst. Wenn Du z. B. die Rahmenbedingungen von verschiedenen Kreditverträgen prüfst, kannst Du entscheiden, welcher die kleinste Kröte ist. Das ist Klarheit-haben. Wie Du bemerkst, ist es grundsätzlich eine Kopf-Entscheidung.

In Klarheit-sein ist etwas viel Tieferes. Du bist im Herzen, Du bist in Deiner Selbstliebe und Liebe zu allen Lebewesen. Du bist mitfühlend und achtsam. Das ist etwas vollkommen anderes und eine hohe Stufe der Entwicklung und des BewusstSeins.

Und so wie mir klar war, dass meine POSITIONierung Klarheit ist, so wusste ich, dass ich Guide bin. Ich begLeite Menschen. Ich sage ihnen nicht, was richtig oder falsch ist … schlicht, weil ich es nicht weiß. Doch ich kann Wissen, Erfahrung, Intuition mitTEILEn. Ich bin ihre Leitplanke, ihr Sicherheitsnetz. Als Guide habe ich das jeweilige Lebensgebiet erkundet, weiß imaginär gesprochen, sowohl, wie ich sicher an der Bärenhöhle vorbeikomme, als auch, wo die LICHTung mit den leckeren Heidelbeeren ist. Und diese Erkenntnisse und Essenz gebe ich im Guiding weiter. Das ist klar, kurz, lustig, lösungsorientiert. Weißt Du, somit ist es zweitrangig, was das jeweilige Thema ist, weswegen die Menschen zu mir kommen, wenn sie als Sinn und Ziel darin wieder in Klarheit sein wollen.

Zwei Bedingungen für die Zusammenarbeit:

1. Der Kunde ist wirklich offen und will seine Klarheit wieder finden + in einem Aspekt, den ich in meinem ThemenSpektrum anbiete, z. B. LebensSinn, Frau-Sein, HochSensibilität, usw.

2. Der Kunde will etwas verändern, weiß aber noch nicht wie. Doch ihm ist klar, dass Klarheit die Basis ist – für alles im Leben – privat und beruflich. Er will keine weiteren Techniken oder Methoden für den Kopf. Er will in seinem Herzen in Klarheit-Sein. Für 24 Stunden, Tag für Tag. In (Selbst-) Liebe, Achtsamkeit und Mitgefühl.

Doch wie kommt man zu diesem BewusstSein? Was gibt es, vielleicht sogar ganz Einfaches, leicht zu Verstehendes, das geradewegs zu Klarheit führt? Diese Gretchenfrage stellte ich mir, bekam die Antwort und merkte lange Zeit gar nicht, welch Goldschatz mir da geschenkt wurde.

Diese Antwort habe ich woanders bis heute nicht in der Form gefunden, wie ich sie seit vielen Jahren lebe. Kurz darauf entwickelte ich zu dieser Lösung eine Meditation und führte diese sowohl mit meinen Kunden als auch im privaten Kreis durch. Da sich bei den Menschen so sensationell schnell Veränderungen und Erfolge zeigten, nahm ich sie als CD auf und stellte sie dann auch als Download zur Verfügung. Endlich war mir klar, wie wertvoll diese Lösung für die Menschen und deren Weg zu ihrer Klarheit ist. **„Erkenne Deine inneren Ratgeber“** gehört für mich zu den segensreichsten Geschenken, die ich erhalten habe und weitergeben darf.

Ich wünsche Dir mit diesem Buch, dass Dir viel klar wird, dass Du die für Dich stimmigen Lösungen findest und dass Du niemandem böse bist, weder Dir noch anderen Menschen. Du kannst die Zeit nicht zurück drehen. Sei im Jetzt. Ich schätze das Zitat von Kierkegaard, frei zitiert:

„Das Leben wird vorwärts gelebt und rückwärts verstanden.“

Geh über das Verstehen hinaus, in das Fühlen, Erkennen und WeiterEntwickeln hinein. Dein Herz weiß genau, was für Dich stimmig ist und auf den folgenden Seiten möchte ich Dich auf die Reise einladen, die Klarheit Deines Herzens wieder zu entdecken.

Alles Liebe

Dein Guide
Manuela Starkmann

Lebe Deine Klarheit!

EIN DOKUMENTAR-ROMAN

„Eines Tages wird man offiziell zugeben müssen,
dass das, was wir Wirklichkeit getauft haben,
eine noch größere Illusion ist als die Welt des Traumes."
- Salvador Dalí -

Es war einmal ein Mensch. Nennen wir ihn Alex. Alex könnte weiblich oder männlich sein. Wenn ich hier auch manchmal „er" schreibe, bezieht sich das jedoch nur auf den Artikel „der" von „der Mensch". Alex der Mensch wird geboren. Alex der Mensch steht, auch wenn ich nicht immer darauf hinweise, in diesem Buch auch für Dich. Möglicherweise erlebt Alex das Gleiche oder zumindest ähnliches wie Du. Sinn dieses Hinweises ist der, dass Du beim Lesen sowohl den allgemeinen Subtext findest als auch, wie viel das Gelesene mit Dir zu tun hat. Alex ist sozusagen Dein Lichtbringer. Er führt Dich in den Keller Deines Unterbewusstseins und wird es erHELLen. Begleite Alex, einen lieben, schlauen, einzigartigen Menschen, dessen Seele in einen Körper inkarniert und somit auch in eine Familie, ein Umfeld und ein Leben. Vielleicht wird Alex auch ein guter Freund von Dir, der Dich gerne (D)ein Leben lang begleitet und inspiriert.

GEBURT

Alex, so wird der Mensch bald heißen, ist eine weise Seele, die sich ein neues Leben inklusive aller Beteiligten, Umstände und Lernaufgaben ausgewählt hat. Alex die Seele ist als Mensch wieder-geboren. Alle sind glücklich. Vorrangig die Menschen, die Mama und Papa heißen werden, wenn er sprechen kann. Ein Mensch und auf der Erde sein, scheint etwas WUNDERvolles zu sein. Alex ist glücklich. Er hat noch den Zugriff auf die geistige Welt, erinnert sich an das Spirituelle, doch er merkt recht schnell, dass dieser menschliche Körper ausgesprochen limitiert ist. Das ist schon eine der ersten Erfahrungen. Eine weise, weite Seele ... landet in dem Körper eines Babys, das körperlich und geistig nicht im Ansatz das kann, wie als Spirit. Die Erinnerung dazu, auch wenn Alex diese niemandem mitteilen kann (*Scheiß-Limitierung*), ist großartig. Als Spirit war Alex reine Liebe. Licht, Energie, mit allem verBUNDen, EINs ... mit allen WESENheiten. Es gab keine Zeit, keinen Raum. Die Weisheit war grenzenlos. Der Umgang der Spirits untereinander war ausschließlich von bedingungsloser, erwartungsfreier Liebe beseelt. Die Kommunikation war einfach: fühlen. Jeder Spirit ist VOLLkommene Liebe – zu sich und zu allen anderen. Das Sein war leicht, freudvoll, lehrreich ... einfach einfach.

Ja und jetzt liegt Alex mit irgendeinem warmmatschigen Gefühl um seine Körpermitte rum. Er kann selber gar nichts zur Abhilfe tun und das einzige, wie er sich deutlich machen kann, ist etwas, was für ihn neu ist: Schreien.

„*Interessant*", denkt er, weil es funktioniert. Leise sein ... da passiert nix, laut sein ... da kommt Bewegung ins Spiel. Alex ist zum Lernen hier – sowohl um seine Lernaufgabe für dieses Leben zu erFÜLLEn, als auch diese ganzen kleinen Kleinigkeiten, die das Mensch-Sein ausmachen.

Alex ist in seiner vollkommenen Liebe, Klarheit und Weisheit. Dennoch erkennt er schnell, dass die nicht so recht mit dem System und den Menschen hier auf der Erde korrespondieren. Er ist in sich gelassen und zufrieden, würde jetzt gerne weiter aufsteigen, die Gaben der geistigen Welt als Spirit im Menschenkörper nutzen ... Doch dieses hohe Niveau scheint hier nicht gefragt zu sein. Alex erkennt, dass nicht nur er in seinem Babykörper limitiert ist, sondern auch die größeren Menschen, die um ihn herum wedeln. Ihre Aufmerksamkeit liegt nach seiner Wahrnehmung auf Belanglosem. So scheint es wichtig zu sein, wie groß er ist und welches Gewicht er hat. Ebenso, wie viel er isst, wie lange er schläft. Den wenigsten Menschen, die um ihn sind, geht es um seine feine Art und seine Wachheit, die Dinge zu beobachten. Für Alex ist das neu, auch ein bisschen ungewöhnlich, doch er ist hier ja zum Lernen und so findet er das Ganze hier: interessant.

Nach einiger Zeit verlässt er die Räumlichkeiten seiner Geburt und zieht sozusagen das erste Mal in seinem Leben um. Die Wohnfläche der zwei Menschen, die sich wohl hauptsächlich um ihn kümmern, ist hübsch und fürsorglich. Alex gewöhnt sich schnell ein. Sein Leben findet in einem Gitterbettchen statt, in dem er viel schläft. Dieser Wechsel der Dimensionen ist schon ein bisschen ermüdend, weil diese grobstoffliche Art einfach nicht mehr so leicht ist, wie er es von der geistigen Welt und als Spirit kennt.

Wenn Alex nicht schläft, beobachtet er, was um ihn herum passiert. Und er entdeckt, dass es weitere, komische Gefühle gibt. Bei einem ist die Lösung, dass er irgendwas in den Mund bekommt, schluckt und im Bauch fühlt es sich besser an. Zumindest für kurze Zeit, dann rumort es. Gott, wie war das einfach als er auf Dinge, die seine Eltern „*essen*", „*Hose voll*",

„baden“ und ähnliches nennen, verzichten konnte. Wie viel Zeit er hatte ... in einer Dimension, in der es Zeit gar nicht gibt. Dennoch, alles sehr interessant hier.

Alex erkennt zum einen, dass alleine sein Da-Sein schon reicht, um diese Hauptmenschen glücklich zu machen und zum anderen, wie er sie noch glücklicher machen kann. Lange schlafen, lächeln, brav aufessen ... es ist putzig, womit sich diese Erdlinge zufrieden geben. Doch leider interessiert sich darüber hinaus niemand für seine spirituellen Gaben. Im Gegenteil.

Alex passt sich immer mehr den weltlichen Gegebenheiten an. Es ist schön, die Menschen glücklich zu machen. Andererseits macht sie nicht all sein Tun glücklich. Wenn er zum Beispiel viel und lange schreit oder wenn er beim Krabbeln etwas kaputt gemacht hat, dann nimmt er eine Veränderung ihrer Schwingung wahr. Diese fühlt sich für ihn neu und unbekannt an, nennen wir es weltlich. Gefühle wie Ärger, Ungeduld, Enttäuschung.

Besonders interessant ist, dass nicht nur Alex lernt, wie er seine Eltern und die anderen Menschen glücklich macht, sondern er erlebt auch, was sie tun, um ihn glücklich zu machen. Zusätzlich beginnen sie, ihm eine Form von Erziehung angedeihen zu lassen. Mit zwei Jahren, finden sie, sollte er bestimmt Dinge wissen, tun bzw. unterlassen. Wenn er nicht so handelt, wie sie es möchten, erfährt er immer häufiger eine Art von Ablehnung. Entweder wird er geschimpft oder ignoriert. Beides fühlt sich in ihm schlecht an. Er fühlt in sich hinein ... und findet die Antworten immer leiser. Früher war da sofort ein Impuls. Ein Impuls der Liebe und Klarheit. Langsam erinnert er sich daran immer weniger. Und langsam vergisst er das innere, glückselige Gefühl der Selbstliebe, dass er bei seiner Geburt, als reine Seele, empfand. Es wechselt zu einem Wunsch nach Aufmerksamkeit und Anerkennung von außen. Es ist nicht wirklich ein gleichwertiger Ersatz, doch immer noch besser als das Nicht-mehr-fühlen der Selbstliebe.

Alex hat Geburtstage und Weihnachten erlebt, viele neue Menschen kennen gelernt, kleine wie große. Er nimmt die Welt mit dem Herzen wahr. Er ist ein liebes, schlaues, offenes Kind. Wenn ein anderes hinfällt und sich offensichtlich weh tut, lachen viele der umstehenden Kinder. Solche Situationen befremden Alex. Einmal fragte er: *„Warum lacht ihr? Ihr habt doch gesehen, dass das Kind Schmerzen hat?“* Sie antworten: *„Weil das Hinfallen so lustig ausgesehen hat.“* Wie kann etwas lustig aussehen, wenn man auch sieht, dass sich ein Lebewesen wehgetan hat? Solche und ähnliche Fragen stellt sich Alex ... und findet keine Antwort. So fragt er seine Eltern: *„Die Menschen sind halt so.“* Aha, nicht schön, aber interessant.

Was (vor allem große) Menschen fühlen, irritiert Alex. Sie unterhalten sich darüber, dass sie die Gartenmöbel neu streichen müssen, während sie in der schönen Natur sitzen und einen traumhaften Sonnenuntergang beobachten könnten. Oder sie unterhalten sich. Aber wenn sie über einen Menschen sprechen, ist dieser abwesend. Sie reden über Fakten und Beweise. Und sie belehren Alex bei allem, was möglich ist. Das einzige, was ihn ein bisschen rettet, ist das Argument *„Alex ist doch erst vier"*.

KINDERGARTEN

Es ist Zeit für den Kindergarten. Weiterhin ist Alex ein sensibles und sensitives Wesen, hat darüber hinaus auch viel dazu gelernt. Was muss der Mensch tun, um andere glücklich zu machen? Wie kann er sich schützen, wenn ihm Aufmerksamkeit und Anerkennung fehlen? Daraus gezogen, beginnt er, seine Überlebens-Strategie zu entwickeln. Er hat schon mitbekommen, dass andere Kinder es anders machen als er. Manche sind sehr ungezogen, manche sind sehr laut, manche machen viel kaputt, manche sind aggressiv. Alex sieht weiter die Welt mit seinen Augen und seinem Herzen. Und die leise Erinnerung der Selbstliebe und Liebe umwehen ihn noch. Er ist mitfühlend und hilfsbereit, eher schüchtern und still. Alex will nicht einer im Vordergrund, sondern lieber einer von vielen in der Mitte sein, wo alle ein achtsames mitEINander leben. Und Alex erkennt immer mehr, dass das hier, auf der Welt und auch in seiner kleinen Welt des Kindergartens wenig gefragt ist. „*Was tun?*", sprach in dem Fall nicht Zeus, sondern Alex? Seine verblassende Intuition sagt ihm „*Sei Du*". Sein Kopf sagt „*Mach was Gutes ...*" und sein Ego beendet den Satz mit „*... dann haben sie Dich lieb.*"

Lieb gehabt werden, bedeutet „normal" und somit „nicht-anders" zu sein. Es wird Jahrzehnte dauern bis Alex erkennt, dass er sich weder anpassen noch verbiegen muss. Schon gar nicht für den viel zu teuren Preis, dafür Anerkennung und Aufmerksamkeit zu bekommen. Denn viel wertvoller ist die Liebe, Klarheit und Weisheit, die Alex als Spirit aus der geistigen Welt mitgebracht hat. Doch hier scheint das alles keinen Wert zu haben, zumindest keinen hohen. Denn Liebe, Klarheit und Weisheit sind nicht greifbar, nicht messbar. Größe, Gewicht, Schlafdauer ... irgendwann wie weit man die Zahlen oder das Alphabet kann bis hin zur Gehaltshöhe usw. ... aber davon weiß Alex heute, Gott sei Dank, noch nichts.

Dafür weiß Alex, dass um ihn Wesen sind. Manchmal hat er deswegen auch Angst. Ein paar Mal wagte er es, seinen Eltern davon zu erzählen. Da sie zwar ihr Bestes gaben, aber das, was Alex beschrieb nicht wahrnehmen konnten, waren mal wieder zwei Punkte klar:

Für die Eltern: „*Das Kind ist anders.*" / „*Das Kind ist nicht normal.*"

Für Alex: „*Die anderen haben Recht und ich sehe es falsch.*"

Und so folgten im Fluss des Lebens wieder zwei völlig logische Dinge:

Alex verlor an Selbstvertrauen und Alex verschloss sich der geistigen Welt.

Alex wurde mit jedem Tag auf der Erde mehr zu einem Menschen. Gut, das war auch sein Seelen-Plan. Dennoch geht ein Kind auf diesem Weg schlicht verloren, denn es vergisst die Anbindung nach oben, verliert das Vertrauen zum Umfeld und die Sicherheit in sich selbst. Da bleibt verdammt wenig. Das ist echt Murks. Eigentlich sollten Alex und die anderen Kinder die Lehrer der Erwachsenen sein. Sie sind vor der Erziehung liebevolle Wesen, für die Hautfarbe, Religion, Sexualität und Status keinerlei Rolle spielen. Doch so läuft das Spiel hier nicht. Im Gegenteil. Die Erwachsenen (be)lehren. Die Kinder bekommen von Geburt an ihre (V)Erziehung.

Verziehung ist Messbarkeit. Kann es bereits das ganze Alphabet? Isst das Kind ordentlich mit Messer und Gabel? Ist es schon größer als die anderen? Anfangs bemessen die Erwachsenen das Kind. Wenn es das Spiel um Anerkennung durchblickt hat, übernimmt es selbst diese traurige Aufgabe, die da heißt „*Was muss ich tun, um perfekt und liebenswert zu sein?*" Und das aktuelle Gesellschafts-System freut sich, wieder eine Seele im Menschenkörper klein und gefügig zu halten. „*Sie haben Ihr Ziel erreicht.*"

Alex macht seinen Eltern gerne eine Freude, ist brav und bescheiden. Und Alex geht ganz selbstverständlich davon aus, dass die Erwachsenen alles besser wissen, erfahrener sind als er. So glaubt er ihren Wahrheiten und beginnt sich diesen immer mehr anzupassen. Lernen und weiterentwickeln wird das später genannt. Alex wird immer gleichförmiger und uniformer. Denn wenn er seine feinen Sinne lebt, wie sie aus ihm rauskommen, eckt er überall nur an. Auch bei den anderen Kindern, von denen man meinen möchte, sie sind ebenfalls weitgehend neu auf der Welt angekommen und noch mehr in ihrer SPIRITuellen verBUNDenheit. Doch jedes Kind hat seine Eltern und Verziehung. Somit ist jedes Kind im Nebel des Vergessens und dem Tausch Selbstliebe gegen (Pseudo-)Gemeinschaft. All das ist für Alex immer noch interessant, doch der Ruf der Seele wird leiser, während Ratio und Ego lauter werden.

Zwei weitere interessante Themen der Menschen und somit auch für Alex sind: Gesundheit und Ernährung.

Gesundheit

Alex wurde von klein auf zu Menschen in weißer Kleidung gebracht. Das freute ihn … zuerst. Denn sie erinnerten ihn ein bisschen an sein Aussehen und das der anderen Spirits. Sie sind licht und so wirkten die weiß gekleideten Menschen vorerst vertraut. Damit war's das dann aber mit dem Vertrauen. Alex besuchte unterschiedliche „Ärzte", wie man das hier nennt, sie hatten unterschiedliche Zuständigkeiten (auch interessant … und für ihn völlig unsinnig, denn bei den Spirits … ach, was soll's, er war ja jetzt hier und würde er sagen, was er fühlte, wäre er nur wieder mal … ja, was? Genau: nicht normal. Also hält er sich an seine Überlebens-Strategie „*Klappe halten*".). Die einen waren wirklich nett und aufmerksam, die anderen wirkten wie herzlose Roboter in Menschengestalt. Von einfühlsam bis grob („*Stell Dich nicht so an*") gab's das ganze Spektrum an menschlicher EigenArt. Was die meisten an sich hatten, war eine Form von Selbstvertrauen … für Alex eher Selbstüberschätzung bis hin zur Arroganz. Die Ärzte „wussten" immer ganz genau, wie es ihm ging und was man zur Lösung tun muss. Muss. Das waren dann meist irgendwelche Medikamente einnehmen. Es hätte ihn erleichtern können, dass das Prozedere nichts mit ihm und seinem Kind-sein zu tun hatte. Seine Eltern, wenn er sie begleitete, wurden ähnlich „behandelt", in jeder Hinsicht. Doch das tat es nicht. Es war zwar so Sitte, doch für ihn war es unverständlich, dass der Mensch aufhörte, selbstverantwortlich zu Fühlen, Denken und Handeln, sobald er einer weißgewandeten Person gegenüber war. Scheinbar wirkten diese so respekt- oder angsteinflößend, dass Erwachsene bis Kinder nahezu stillschweigend ihre Identität hergaben, in die Hände von jemandem, der sich wenig auf Menschen und dafür sehr viel auf Fakten bezog.

In seinen jungen Jahren war es für Alex sowohl ungewöhnlich als auch neu, „krank" zu werden. Denn Spirits kennen diesen Zustand ebenso wenig wie hungrig oder traurig sein. Doch er nahm es hin, Schnodder im Kopf zu haben, der „Schnupfen" genannt wurde und dass ihm sehr, sehr heiß war. In dem Fall kam der Arzt sogar zu ihm ins Kinderzimmer. Doch ob so oder in der Praxis, es war immer das Gleiche: ein paar Worte, eine Untersuchung und dann gab's Medikamente. Manchmal konnte sich Oma durchsetzen. Wenn es Alex heiß war, er Fieber hatte, machte sie ihm Wadenwickel. Er nahm wahr, dass das ein altes Hausmittel war. Unterschiedlich nach Arzt hörte Alex über seine Lebenszeit auch, dass dieses alte Hausmittel gerne zu der verordneten Medikation hinzugezogen werden könnte bis, dass es total wirkungslos sei und getrost unterlassen werden könne. Außer man glaube an Placebo bzw. den Placeboeffekt. Interessant.

Was Alex bis ins hohe Alter von irgendwasunddreißig Jahren ;-) nie von außen hörte, war die Vorstellung, die Selbstheilungskräfte zu aktivieren. Niemand sah die jeweilige „Krankheit" im Zusammenhang mit den jeweiligen Lebens-Umständen – unabhängig, ob bei Kindern wie Alex oder bei Erwachsenen wie seinen Eltern. Und die Frage des Arztes „*Wie geht es Ihnen?*" schien nicht lösungs- und somit heilungsorientiert ausgerichtet zu sein, sondern eine Art von Begrüßungsritual. Seine Oma nannte das: „*Die Luft mit Schall erfüllen.*" Dabei, gerade wenn er seine Eltern beobachtete, wäre deren Antworten so wegweisend und heilend. Seine Mutter hatte oft Magenweh bis zur Magenschleimhautentzündung. Wenn Alex sie in die Arztpraxis und zur Untersuchung begleitete, beobachte er ab dem Begrüßungsritual nicht, dass der Arzt wirklich hinhörte. Denn seine Mutter hätte sowohl ihm, als auch sich ungefähr so den Weg zur Heilung gezeigt: „*Wie es mir geht? Grundsätzlich gut. Aber … im Moment … also schon ein bisschen länger … seit Alex im Kindergarten ist, arbeite ich während dieser Zeit halbtags. Der Job macht eigentlich Spaß. Aber meinem Chef geht meine Einarbeitung wohl nicht schnell genug. Er fordert. Ich möchte alles gut und richtig machen. Doch dann hau ich irgendeinen Leichtsinnsfehler rein … ich verstehe mich selber nicht. Er mault mich dann vor den anderen Kollegen an. Ich ärgere mich eh schon über mich und dann ist es mir auch noch peinlich, so vorgeführt zu werden. Aber ich schlucke es runter …*"

Für Alex, auch wenn seine spirituellen Gaben zu diesem Zeitpunkt seines Lebens immer mehr vernebelten, war vollkommen klar, dass seine Mutter kein Medikament gegen ihre Magenschleimhautentzündung braucht, sondern eine Stärkung für ihre Selbstliebe und Klarheit. Er hätte sie lehren können, dass sich … nach langem Verbiegen … möglicherweise eine Krankheit im Menschen maniFESTiert. Ob die nun Depression, Burnout, Migräne, Magenschleimhautentzündung oder sonst wie heißt, sie ist ein Signal, ein Warn-Hinweis. An einer Bahnschranke würde niemand ein Tuch über das Hinweisschild hängen … und einfach weiter rattern. Aber die Menschen verdecken ihre kleinen bis großen Krankheiten … mit Ignoranz oder höherer Anstrengung oder Abgabe der Selbstverantwortung an einen Arzt.

Doch über die Zeit übernahm auch Alex die Schlussfolgerung „*Ich bin krank … ich geh zum Arzt*". Und da ihn niemand förderte, seine Selbstheilungskräfte zu aktivieren, vergaß er dieses Wissen. Stattdessen nahm auch er Medikamente. Dabei hatte er noch Glück. Er war nur ab und zu erkältet oder hatte mal eine typische „Kinderkrankheit". Einige seiner Freunde mussten immer Medikamente nehmen. Sie waren zu aktiv

... bzw. unruhig, wie es die Erwachsenen nannten. Viele seiner Freunde waren auch noch feinsinnige Wesen in Menschengestalt. Doch die Medikamente verzogen und verFREMDeten sie. Sie wurden ruhig gestellt und damit leichter führbar. Und Alex beobachtete, wie sie immer weniger die Schönheit der Natur, die Freude der Freundschaft und die Leichtigkeit des Seins wahrnahmen. Sie lebten ihre Überlebens-Strategie, im wahrsten Sinne des Wortes, gefüttert mit Gleichmachern, die Medikamente hießen. Interessant ... und für eine Seele unfassbar traurig. Weil so unnötig, weil so kleinmachend, weil so ungesund. Doch wenn etwas Dummes normal ist, es alle als richtig ansehen, dann wird es mühevoll, sich dagegen zu widersetzen. Für ein Kind besonders, denn seine Auswahl ist begrenzt. In jungen Jahren kann es nicht sagen *„Mir reicht's, ich zieh aus und lebe, wie ich meine, dass es stimmig ist"*. Und mit älteren Jahren ist es so angepasst und uniform, dass es das nicht mehr sagen könnte, weil es nicht mehr so denkt und fühlt. Die Maschinerie des Systems hat wieder einen Menschen beschnitten und ihm sogar suggeriert, dass das zu seinem Besten ist.

Ernährung

Nachdem sich Alex recht schnell an die Idee der Nahrungsaufnahme gewöhnt hatte, nahm er deren Notwendigkeit ungeprüft hin. Er ließ sich liefern, was scheinbar normal war. Anfangs, als Baby, war das klar. Er hätte nicht a. zum nächsten Bioladen gehen können, um b. zu sagen, dass er gerne Obst und Gemüse kaufen möchte, das er c. mit seinem Geld bezahlt. So gab's vorerst den Lieferservice seiner Eltern. Manches bekam ihm gut, anderes weniger. Ein geschmacklicher Meilenstein war die Umstellung von dem Babypframpf auf echtes Essen. „Echtes" Essen ... Jahrzehnte später würde er hierzu eine andere SichtWeise haben. Doch in jungen Jahren nimmt man, was man bekommt. In dem Fall von Mutti klein geschnittenes Essen. Warm, kalt, herzhaft, süß undsoweiterundsofort. Wahrlich ein genussreiches Vergnügen. Und, wie immer, interessant. Besonders wenn Alex Freunde besuchte oder eben in irgendeiner Form auswärts aß. Wie bei so vielen Themen, wie z. B. der Gesundheit, war auch die Ernährung der Menschen sehr unterschiedlich. Bei Alex zuhause gab es alles zu essen. Fleisch, Fisch, tierische Produkte, Nudeln, Reis, Gemüse, Obst und auch mal was aus Packungen oder Gläsern. Seine Mutter kochte und würzte gut, somit war grundsätzlich alles lecker. Bis auf mit Hackfleisch gefüllte Paprikaschoten mit Reis und Tomatensoße. Für Alex ein Grund, temporär gerne bei seinen Eltern auszuziehen. Aber er wusste ja schon, dass seine Heimat da war, wo diese beiden ihm besonders zugewandten Personen wohnten. Sie taten weiterhin ihr Bestes, erzogen und verzogen ihn, gaben ihm eine Vielfalt an Essen und er konnte probieren, was ihm auf der Zunge zerging oder eben nicht. Das war immer eine Geschmacksfrage und nie eine der Moral oder Ethik.

Fisch z. B. war nicht Alex‘s Geschmack. Lernwillig wie er war, fragte er, wie der Fisch auf seinen Teller kam. Da sein Opa Fischer war, wurde erzählt, wie das Fischen funktioniert. Somit auch, dass der Fisch dem Angler am Haken hing und so aus dem Wasser gezogen wird. *„Tut dem Fisch das nicht weh?“* wollte Alex wissen. Seine Eltern meinten Nein, denn Tiere fühlen nicht wie Menschen. *„Und wie stirbt der Fisch?“* Man würde ihm, ganz human, auf dem Kopf hauen bis er tot ist. Natürlich so präzise und wenig wie möglich. Aber das würde dem Fisch nichts machen, weil er ja … genau … nicht so eine Gefühlswelt hat, wie ein Mensch. *„Ja, hat er denn keine Angst?“* Nein. Hmmm. Interessant. Seltsam, aber die Eltern werden es schon wissen. Fazit: es war normal, Fleisch, Fisch und tierische Produkte zu essen. Weil der Mensch (das sieht man am Gebiss) ein Alles(fr)esser ist und weil das schon immer so war, was man auch in uuuralten Höhlenmalereien bewiesen sieht. Und so wurde, neben dem, dass ihn manches geschmacklich einfach nicht erreichte, das Allesessen als normal gespeichert und nicht mehr hinterfragt. Im Gegenteil. Als Alex Jahre später von Vegetariern hörte, dass sie kein Fleisch essen, fand er das nicht-normal. Nochmal Jahre später, als ihm bekannt wurde, dass es Veganer gibt, die nichts vom Tier verzehrten, war das für ihn sehr sonderbar. Vor allem, weil da ja kaum was blieb, was sie noch essen konnten … wenn man alles an Tier, wie Fleisch, Fisch, Milchprodukte und Eier von der Speisekarte strich. Im Rahmen des Vergessens erinnerte er sich nicht mehr, dass in seiner Dimension gar nicht „gegessen“ wurde. Und wenn, dann hätte es nie auf diese weltliche, grausame Art stattgefunden, weil es bei ihm zuhause immer darum ging, niemanden auch nur ein Mü an Leid zuzufügen.

Alex vergaß sein Mitgefühl für andere Lebewesen in seinem Herzen und lernte Fakten für seinen Kopf. Als er noch klein war, sagten ihm seine Eltern, was sie als richtig und falsch annahmen. Das wiederum begründete sich auf Studien, Artikel, Bücher, Fernsehberichte und Gewohnheit. Sie gaben ihr Wissen an Alex weiter und seine Ratio speicherte, was falsch und was richtig war. So erweiterte er, vermeintlich, sein Wissen. Und er wurde umgepolt: Weg von der Intuition im innen, hin zum Glauben im außen. Weg von der Selbstliebe und Klarheit im Herzen, hin zu dem Wunsch nach Aufmerksamkeit und Anerkennung im außen. Alex lernte sehr schnell, dass er viel Aufmerksamkeit und Anerkennung vom jeweiligen Außen bekam, je mehr Wissen und Fakten er benennen konnte. Das zog sich durch sein ganzes Leben und mit jedem Lebensjahr mehr wurde wichtiger, was er in seiner Ratio wusste, anstatt was er in seinem Herzen fühlte.

Und so aß er alles Mögliche, was ihm zu diesem Zeitpunkt, vorrangig seine Mutter sowie Vater und Oma, vor die Nase setzten.

SCHULE

Es heißt, die ersten sechs Jahre sind die prägendsten. Ja, im wahrsten Sinne des Wortes. Alex wurde geprägt und verzogen. Weg von seinen (hellen) Sinnen, hin zu messbarem Wissen. Wissen war die Währung. Wusste man viel, verfügte man über eine Art wertvolle Währung und würde wahrscheinlich später im Beruf gut bezahlt werden. Wusste man nicht viel von dem was ein rationales Gesellschafts-System fordert, war die eigene Währung wenig wert. Doch als „Bonus“ bekam man ein bisschen Unsicherheit und Selbstzweifel. Das „motivierte“ dann hoffentlich, sich den „richtigen Dingen“ zuzuwenden; zu lernen, was richtig und was falsch war; nicht mehr selber zu denken und zu hinterfragen, sondern ungeprüft das Wissen anderer anzunehmen, denn diese hatten es in ihrem großen Altruismus bereits für all die unwissenden Menschlein getestet und für wahr oder unwahr deklariert. (*Zynismus-aus*)

Alex kam in die Schule. Es war ein Fest. In vergangenen Leben war es ein Fest, zur Frau oder zum Mann zu werden. In diesem Leben war es ein Fest, in die Schule zu kommen. Der Kindergarten hatte schon darauf hin gearbeitet, Ziffern und Buchstaben gelehrt. In einem grundsätzlich freien Umfeld. Mit der Freiheit war es in der Schule vorbei, z. B. aufzustehen und herum zu laufen, wann es Alex in den Sinn kam. Anfangs wusste er nichts von dieser Regel und machte, was ihm einfiel. War ihm der Text der Lehrerin zu viel oder das Thema zu langweilig, erhob er sich von seinem Platz und ging zum Fenster oder zu anderen Kindern. Das war weder in Ordnung noch in der gewünschten Norm. Nach einigen Male Schimpfe hatte es Alex gelernt. Noch nicht so viel an Wissen, aber dass er sitzen bleiben musste und sich anpassen. Er wusste nicht, dass diese Schablone über sein Leben hinweg immer kleiner werden würde, ihm fast alle einzigartigen Ecken und individuellen Kanten abgeschliffen werden würden. Er hatte eine ungute Wahl zu treffen: Sei wie Du bist ... und es gibt Ärger. Oder: Passe Dich an ... und Du bekommst Anerkennung. **Pfuuuh** Eine ausWahl zwischen Not und Elend. Ärger kostete Kraft. Denn Ärger gab es nicht nur in der Schule, sondern auch Zuhause. Und wenn Alex traurig war, kam manchmal das eine zum anderen und dann gab es auch noch Ärger mit seinen Freunden. Es war zum Eierlegen. Also schien, über kurz oder lang, früher oder später, die bessere Wahl die des Anpassens zu sein. War ja auch gar nicht so schlimm, denn dafür gab es Anerkennung. Selbstliebe zwar nicht, aber von der war Alex langsam weitgehend entwöhnt. Selbstliebe und Eigenlob wurden ihm als etwas Böses, Egoistisches verkauft. So ist „man“ nicht. Und **schnipp** war wieder mal eine individuelle Ecke dahin.

Die Vor-Arbeit der ersten sechs Lebens-Jahre trug ihre Früchte. Alex und die Kinder in seiner Klasse unterlagen weiterhin der Verziehung. Darüber hinaus wurden sie geprägt und manipuliert. Alles zu ihrem Besten und weil sie es später in ihrem Leben mal besser haben sollten. Besser ... als wer oder was? Alex fand das Leben wundervoll ... als er noch ein Baby war. Jetzt hatte es auch viel Schönes, doch irgendwie fühlte sich das ganze System falsch an. Viel Zeit zum darüber Nachdenken blieb ihm nicht. Mit jedem Schuljahr mehr gab es auch mehr zu lernen. Vormittags Schule, nachmittags Hausaufgaben. Sein Leben drehte sich vorrangig um seine Bildung. Damit später mal etwas aus ihm werden würde. Dass er mit Sicherheit einen guten Job bekommen würde. Immer häufiger wurde ihm die allseits bekannte Frage der Erwachsenen gestellt: „*Was willst Du denn mal werden, wenn Du groß bist?*“ Seine anfänglichen Antworten waren, was seinem Herz Spaß machte und nicht sein imaginäres Bankkonto füllte. Doch diese brachten die Erwachsenen zum ihn Belächeln oder zum Kopfschütteln. Wie früher, wenn er von den geistigen Begleitern erzählte, die offensichtlich nur er wahrnahm und die anderen nicht. Womit klar war, dass mal wieder das Messbare siegt. Wenn mehrere Erwachsene das, was ein Kind sieht, nicht sehen, haben die Erwachsenen Recht und das Kind Unrecht. Einfache und klare Regel. Punkt. Also erfüllte Alex, nach einigem an Versuch und Irrtum, den Wunsch der Erwachsenen und antwortete mit einem schlauen, angesehenen und sicheren Beruf. Nicht weil sein Herz dazu „*Ja*“ sagte, sondern weil sein Kopf VERSTANDen hatte, was von ihm gewünscht wurde.

Gewünscht wurden auch gute Noten. Doch das war tricky. Die Fächer, die ihm Spaß machten, hatten für das Weiterkommen in die nächste Klasse keinen großen Wert ... und übrigens auch nicht für sein späteres Leben. Die Fächer, die ihn bis zum Abwinken langweilten, waren wichtig. Jetzt und scheinbar bis in alle Ewigkeit. Alex fragte sich oft, ob er diesen Schmarrn wirklich in seinem Leben brauchen wird. Aber wenn die Erwachsenen das meinen, würde es wohl stimmen. Und **schnipp** wieder war eine feine Kante seines individuellen Seins ab. Abgeschmirgelt wurde sie mit dem Gedanken, dass andere mehr wissen als Alex und auch besser wissen, was für ihn gut und richtig ist. Er solle ihnen mal vertrauen und sich von seinen Flausen lösen. Er hatte damals keine Ahnung, was er später erkannte: Zwanzig Jahre dieser Verziehung und Beschneidung führen einen freien Geist ins Gefängnis der Angst und Krankheit. Zwei weitere Spießgesellen auf dem Weg, aus kleinen Originalen große Kopien zu machen.

So lernte Alex für den Kopf und bekam Anerkennung, somit wurden täglich Ratio und Ego gefüttert. Und je mehr die Selbstliebe bzw. die Erinnerung an sie abnahm, umso fetter wurden Ratio und Ego.

Als sie wie Alex noch kleiner waren, waren sie gute Ratgeber. Sein Herz, bzw. seine Klarheit, Weisheit, Liebe und Intuition, war immer ein bedingungsloser und erwartungsfreier Freund. Kein Rat diente den Fakten oder der Anerkennung, sondern ausschließlich dem Wohle von Alex und grundsätzlich allen Menschen. Doch je länger er in die Schule ging und die Stärkung seines Herzens nicht gefördert wurde, umso mehr musste er sich um die Fütterung von Ratio und Ego kümmern. Als ihm die beiden z. B. beibrachten, dass eine rote Fußgängerampel stehen-bleiben bedeutet sowie eine grüne, dass er gehen darf und er für sein richtiges Handeln Lob bekam, war die Welt irgendwie noch in Ordnung. Das war förderlich, diente dem (Über-)Leben. Doch mit der Zeit, den langweiligen Haupt-Fächern, bei Krankheit zum Arzt gehen und u. a. Süßigkeiten essen, veränderte sich Alex. Aus dem sensiblen Kind wurde ein Jugendlicher und dieser kam in jeder Hinsicht in eine Lebenszeit des Wachsens. Sie war eher leidig als interessant.

JUGEND

Und dann begann die richtig schwierige Zeit: Die Pubertät. Alex hatte viel gelernt und wenig gefühlt. Beziehungsweise gefühlt hatte Alex immer + viel, aber er hatte auch gelernt, seine Gefühle zu unterdrücken. Denn offensichtlich waren seine Gefühle weder richtig noch hatten sie einen Wert. Kann also weg. Stattdessen lernte Alex Zahlen, Daten, Fakten, wurde ihnen (unbewusst) immer höriger. So erlebte er es ja auch im außen . . und kopierte (unbewusst) dieses Verhalten. Seine Eltern, sowie auch sein Umfeld, waren allesamt keine Forscher, sondern Leser. Sie erforschten die Fakten nicht selbst, sondern lasen sich die Ergebnisse in Form von Berichten und Studien an. Oder sie sahen dazu einen Dokumentation im Fernsehen. Ist ja wurscht, in welcher Form die vermeintliche Wahrheit an sie herangetragen wurde ... sie wurde ungeprüft übernommen und geglaubt. Und dieser Glaube bez. diese (Vor)Urteile wurden weitergegeben. Das war ein ganz unauffälliger Prozess. Immer getragen und begleitet von der Suggestion der Sicherheit a la *„Schau, liebes Menschlein, hier wirst Du ganz ehrlich informiert. Wir wollen nur Dein Bestes, darum haben wir für Dich die Aus-Wahl getroffen, was wahr ist. Jetzt bist Du dran. Glaube es und handle danach.*“

Bei allem ging es um falsch oder richtig und um Messbarkeit. Wie waren die Noten? Wie viel hat Dein „Xyz“ gekostet? Welches Auto fahren die Eltern bzw. welche Autos?? Wie hoch ist ihr Gehalt? Wie oft fährt die Familie in den Urlaub? Sichtbarer Status und messbare Zahlen, das war alles, worum es ging. Und nach über zehn Jahren dieser „Falsch-Richtig-Kur“ war Alex weit weg von seiner Selbst-Liebe. Dennoch wirkte die Erinnerung. Unterdrückte Gefühle sind ja nicht weg, nur weil man sie nicht raus lässt.

Man ist ja auch nicht gut versteckt, nur weil man sich die Augen zuhält. Die Einzelteile aus Fakten, Ratio, falsch-richtig, Ego und dem Wunsch nach Anerkennung machten im Ganzen die Überlebens-Strategie von Alex aus. Das fiese an diesem Programm: Es wirkt unsichtbar, suggestiv und hat die Anti-Löschfunktion „Widerhaken“. Nur sehr wache, helle Menschen, die stark fühlen und in sich wissen, dass das alles so nicht wahr sein kann, die beharrlich an ihrem inneren Gefühl und Wissen dranbleiben, allen Widrigkeiten zum Trotz, die werden diesen Virus in sich eliminieren können. Doch Alex wusste von all dem nichts. Niemand hatte ihm davon erzählt, weil ja auch die Älteren kaum mehr von all dem wussten. Die Weisheit und Klarheit, die er als Baby und Kind hatte, die vergaß er langsam. So gab es keinen, der ihm beim Erinnern half.

So lebte Alex vor sich hin. In grundsätzlich großem Luxus. Doch wenn ein Mensch nur eine Sache kennt und in diesem fiesen Suggestions-Programm (fest-)steckt, dann lernt er dadurch leider auch, auf den Mangel zu schauen. Es heißt: Der Vergleich ist der Tod des Glücks. Alex verglich sich oft mit anderen, die in seiner Wahrnehmung mehr hatten und war dann enttäuscht, weil er meinte, dass ihm etwas entging oder fehlte. Er kam nie auf die Idee, sich mit anderen Menschen oder Kindern zu vergleichen, die weniger hatten als er. Für die alleine sauberes, fließendes Trink-Wasser aus der Leitung, Strom, Heizung, Nahrung, Wohnfläche schon ein unglaublicher Luxus gewesen wäre. Das Suggestions-Programm wirkte auch hier. Es hielt Menschen klein. Neben „falsch-richtig“ waren auch „Mangel“ und „Opferhaltung“ wichtig, um sie (weiterhin) zu manipulieren. Wer sich nach einem besseren, neuen Handy sehnt, hinterfragt nicht die Zerstörung der umWelt. Wer ein größeres Haus will, informiert sich wenig über Krisen und Kriege. Die Software „Menschen verDUMMen“ wäre genial, wenn sie nicht so unmenschlich wäre. Die Programme funktionieren, doch leider nicht im Sinne für die Menschen, sondern gegen sie. Sicherheit wird suggeriert, das Denken abgewöhnt, Andersartigkeit mit Ausschluss bestraft. Kurz: wer nicht mitmacht, fliegt raus. Wahrscheinlich gibt‘s das ursprüngliche Suggestions-Programm gar nicht mehr, denn die Vervielfältigung sowie die Updates laufen viel cleverer: über Vererbung.

Alles, was Alex wusste bzw. meinte zu wissen, wurde ihm vererbt. Zu Beginn seines Lebens vorrangig von seinen Eltern. Doch die hatten auch nur das zu bieten, was sie wiederum von ihren Eltern bekommen hatten. Neben vermeintlichem „Wissen“ auch Muster, Glaubenssätzen, Ängste, all diesen grauen, schleimigen Scheiß, der seit Jahrtausenden vererbt und vererbt und vererbt wird. Jede Generation bastelt noch eine weitere Suggestion hinzu. Beliebt ist dabei auch die Schuldfrage. Denn wenn es falsch-richtig gibt, dann gibt es auch einen der es falsch gemacht hat und somit schuldig ist. Da Differenzierung in dem Suggestions-Programm nicht vorgesehen ist, ist grundsätzlich einfach z. B. ein Geschlecht, eine Hautfarbe, eine Sexualität, eine Religion falsch ... und deshalb Schuld . . an allem. Darüber hinaus sind Menschen sehr kreativ. Sie könnten diese Gabe zwar auch für das Sinnvolle und Gute nutzen, doch sie entwerfen eher etwas zu Gunsten des Suggestions-Programms, z. B. Gewalt und „tolle“ Möglichkeiten der Bestrafung. Das fängt leise mit emotional und / oder körperlich nicht angenommen werden an und kann übergehen bis hin zu emotionaler und / oder körperlicher Folter ... die auch zum Tod führen kann, beigebracht oder selbst zugefügt. Interessant?. Wenn Alex das alles klar wäre und den Menschen um ihn herum, dann könnten sie sich gemEINSam aus diesem Programm beFREIen und LEICHT(er) leben.

Doch sobald jemand auf die Idee kommt, dass hier auf der Welt etwas nicht stimmt, wird er als Spinner abgestempelt. Das ist schon für einen Erwachsenen (der auch Kindheit, Vererbung, Suggestions-Programm und seine Überlebens-Strategie lebt) schwer. Doch für ein Kind ist es nahezu unmöglich all dem zu entgehen. Wer will schon ein Spinner sein? Wer jahrelang gelernt hat, dass er nicht aufzufallen hat, der fühlt sich als Außenseiter nicht wohl. Und Alex fühlte sich oft als Außenseiter. Er konnte vieles nicht greifen, auch weil sein Körper gerade interessante Veränderungen durchlief. Doch selbst wenn er weltlich grundsätzlich erfüllte, was ihm als richtig vererbt worden war, so war dennoch immer das leise Gefühl in ihm, dass die wahre Wahrheit eine andere ist. Aber er hatte gelernt, eine Rolle zu spielen und seine Gefühle zu unterdrücken. Die Rolle war Teil seiner rational erdachten Überlebens-Strategie. Die unterdrückten Gefühle jedoch maniFESTierten sich bei ihm letztendlich in Unsicherheit, Selbst-Zweifel und Krankheit.

In der Pubertät begann er einen Versuch der Rebellion. Doch die Erwachsenen schieben diese bei den Jugendlichen auf „die Hormone“ ... und belächeln das Ganze. War es einfach nur eine Rebellion oder die Suche nach der Wahrheit? Der Mensch, vor allem wenn er wie in diesem System zu Kleingeistigkeit (v)erzogen wird, hat keine Auswahl an inneren Referenzobjekten, mit denen er schlüssige Zusammenhänge selbst hätte ziehen können, um über diese Erfahrung immer weiter von sICH selbst zu lernen. In ihm gibt's kein gelb, orange, pink, rot, lila, blau, grün, türkis, geblümt, gemustert, gestreift, uvm. ... Im Suggestions-Programm gibt es nur schwarz-weiß, falsch-richtig, gut-böse. Da Alex differenziertes, weitblickendes Fühlen, Denken und Handeln aberzogen bekommen hatte, konnte er zum Lernen und Verändern nur eins: im Gegenteil des Bekannten suchen. Aber für dieses bestehende System ist das Gegenteil Rebellion. Und Rebellen müssen klein gemacht werden. Ideal dafür ist, wenn sie das Kriterium „Kind“ oder „Jugendlicher“ mitbringen, denn dann kann man sie viel einfacher manipulieren und als Erwachsene halten sie wie hypnotisierte Kaninchen an den eingeprägten Suggestionen fest. Perfide und genial.

Wenn Alex in seiner Pubertät also „schwierig“ war (was übrigens auch zu einem Verlust von Anerkennung führt, womit das Ego gar nicht glücklich ist), dann beinhaltete das, neben der körperlichen Wachstums-Herausforderung, einen Versuch aus dem Suggestions-Programm zu (ent)kommen. Da er aber nichts von „bunt“ wusste, sondern nur von „ent-oder-weder“, probierte er sich im Gegenteil. Dieser Prozess zog sich über Jaaahre und war nur von mäßigem Erfolg gekrönt. Irgendwann wird man älter. Irgendwann wirken alle Suggestionen. Irgendwann gibt man auf. Denn irgendwann ist man des Kämpfens müde sowie erschöpft, leer und orientierungslos.

Und genau das macht einen so wunderbar folgsam und fügbar. Das Suggestions-Programm hat eine Meisterleistung vollbracht. Es hat sein Ziel erreicht: Aus weisen Seelen wurden abgestumpfte Roboter. Interessant ... dass das wirklich funktioniert. Interessant ... dass kaum ein Mensch aus diesem Drama der vermeintlichen Sicherheit erWACHen will, kann, darf.

Alex war orientierungslos. Gebeutelt von der Erinnerung, dass hier was falsch läuft und dem in der Matrix fest stecken. Und nun war die Zeit, wo er Orientierung und ein Ziel brauchte, denn seine Schulzeit neigte sich dem Ende zu. Die Frage „*Was willst Du denn mal werden, wenn Du groß bist?*“ wandelte sich in eine deutliche Handlungsaufforderung „*Du musst Bewerbungen für einen Ausbildungsplatz schreiben!*“. Einen Ausbildungsplatz ... für welchen Beruf? Welcher Beruf würde ihn ein Leben lang erfüllen? Eine große Frage für einen Jugendlichen, der bisher nur Schule und Suggestion kannte.

Bei all der Rebellion und Herausforderung war Alex nicht glücklich. Seine Ratgeber „Ratio“ und „Ego“ wurden immer fetter. Den einen fütterte er mit Wissen, den anderen mit Anerkennung. Für Alex selbst, für seine Gefühle, sein Herz, seine Klarheit gab er sich keinen Raum. Das hatte er nun tatsächlich verlernt und vergessen. Wenn wirklich mal Gefühl und Intuition hochkamen, dann gaben seine fetten Türsteher „Ratio“ und „Ego“ a la „*Du kommst hier nicht rein*“ ihr möglichstes, beides schnell zu unterdrücken oder Alex dumm wirken zu lassen. Somit lernt er wieder und weiter, dass er nicht ________ genug war. Den Lückentext konnte er je nach Anlass füllen: In der Schule war er nicht gut genug. Sein Aussehen war nicht attraktiv genug. Als Mensch war er nicht liebenswert genug. Wieder schlug das nächste Level des Suggestions-Programms mit voller Wucht zu.

Die Schwierigkeitsstufe wurde erhöht. Jetzt kam noch eine Steigerung hinzu: Die erste Liebe. Auf Ratio und Ego gepolt, innerlich orientierungslos, verbogen in einer Rolle, auf der Suche nach seinem Beruf und sICH selbst, mitten im Wachstum und der Pubertät ... verliebte sich Alex.

Verlieben. Ach ist das schön und herzzerreißend. Stößt die Liebe auf Gegenliebe? Ist man okay, so wie man ist? Wie verhält man sich in einer Paartnerschaft? Mal Mama und Papa beobachten ... bzw. neee, lieber doch nicht.

Alex ist verliebt und verliebt sein ist to!!. Die erste Beziehung, alles ist neu, wieder mal keine inneren Referenzobjekte, somit viel Versuch und (noch mehr) Irrtum, geprägt von der eigenen Rolle und dem Rollenbild des eigenen Geschlechts. So schön das ist ... so sehr kann das nur in die Hose gehen.

Dabei geht es nicht mal um die Übung der Sexualität. Interessant (endlich wieder mal etwas, was wirklich interessant ist), spannend und gleichzeitig ein Rätsel. Denn die Ratio ist voll von pseudocleveren Erklärungen und Beschreibungen, wie man was zu machen hat ... und dann funktioniert das doch nur mäßig, weil man einen Menschen vor sich hat und keinen Roboter, der an der Studie teilgenommen hatte, worüber die ach so schlaue Ratio meint, Bescheid zu wissen.

Es geht ums Geliebt-werden. Wieder mal nicht um die Selbst-Liebe von innen, sondern um eine Art der Liebe, von außen. Doch diesmal ist es nicht die Form von Liebesentzug der Eltern, Lehrer oder Freunde. Diesmal ist es heftiger. Denn das Herz ist unschuldig, vollkommen offen ... und unvorbereitet. Dieser Wunsch nach Liebe, Anerkennung, Aufmerksamkeit von außen ist mit nichts bisherigem vergleichbar. Es macht Alex pur . . und der Liebeskummer lässt Alex derb auf den Boden der Tatsachen aufklatschen. **aua**

Das Schwierige dabei ist, dass Alex keine Lösung findet. Ratio kann da nicht helfen. Ob der Expartner doof oder schuld ist, wird man nicht über eine Plus-Minus-Liste klären. Und selbst wenn es die Ratio VERSTANDen hat, so liegt das Ego dennoch schmerzvoll heulend auf dem Sofa. Während der eine Ratgeber lautstark analysiert und der andere geräuschvoll schnieft, gibt das Herz – wie immer – Halt, Antwort und Lösung. Und es wird – wie immer – nicht gehört.

Da ein Herz bedingungslos und erwartungsfrei ist, nimmt es das einfach wahr. Interessant ♥ Und da es ohne Zeit und Raum ist, kann es geduldig warten ... bis sein Mensch ... hoffentlich ... eines Tages erkennt, dass er bereits alle Klarheit in sich trägt. Schon immer und bis in alle EWIGkeit. Denn eine Seele ist weise und klar.

Zurückweisung, Trennung, Liebesentzug ... Alex baut immer mehr eine Mauer um sein Herz, folgt noch zielstrebiger dem Ratgeber „Ratio" und füttert „Ego". „*Stell Dich nicht so an*", „*Das wird schon wieder*", „*Die Zeit heilt alle Wunden*" und „*Konzentriere Dich auf's Wesentliche*" sind die ratSchläge, die Alex bekommt. Die Lernerfahrung „Liebeskummer" war der „Beweis", so stellt es das Suggestions-Programm zumindest dar, dass man (seinen) Gefühlen nicht vertrauen kann. Deshalb empfiehlt es „folgerichtig", dass man sich doch besser an messbaren Fakten orientiert. Also, wie ist das nun mit den Noten vom Schulabschluss? Welche Ausbildung wird gemacht? Wie viel bringt die einem für ein erfolgreiches, finanziell sicheres Leben? Mach schon, Alex! Mehr, schneller, besser.

Mehr, schneller, besser. Diese Suggestion begleitet alle Menschen und somit natürlich auch Alex. Alex lernt, macht den Schulabschluss und lernt für den künftigen Beruf. Lehrjahre, ob nun Ausbildung oder Studium, so heißt es, sind keine Herrenjahre. Stimmt. Auf die Idee wäre Alex, bei dem was er dabei erlebte, auch wahrlich nicht gekommen. Es geht irgendwie immer noch darum, ihn klein zu machen. Jetzt nicht mehr, weil er ein Kind ist, sondern weil er ein Lernender ist. Und dieser hat zu den Größeren, Erwachsenen, „Wissenden" aufzuschauen. Die wiederum schauen zu ihm runter. Damit lernt Alex, dass Lernen nichts Gutes ist. Als Schüler war es gerade noch akzeptiert, doch als junger Erwachsener geht eine andere Art der Verziehung weiter. Wer jetzt noch lernt, „*muss es nötig haben*". Einzig halbwegs gültiger Freifahrtschein, um lernen zu dürfen ohne die Suggestion dumm zu sein: Ausbildung oder Studium.

Alex lernt für einen Beruf ... der ok ist, Sicherheit bietet, irgendwie auch Spaß macht, aber nix für's ganze Leben ist. Also lernt Alex noch ein bisschen weiter und hofft, dass er findet, was sein Herz wirklich zum Schwingen bringt. Das mündet dann in die erste Anstellung und es wird wieder viel gelernt. Grundsätzlich hat sich Alex Offenheit und Neugierde erhalten, doch da seine Fragen immer wieder mit „*Weil wir das immer schon so gemacht haben*" beantwortet werden, beschließt er, weniger zu (hinter)fragen und einfach nur zu machen. **schnipp** Wieder eine Ecke Eigenständigkeit weg, feingeschliffen mit dem fadenscheinigen Argument „gesunder Menschenverstand".

Alex ist immer noch die wundervolle, weise Seele wie zu seiner Geburt. Doch diese wohnt in einem Körper und der ist seit 20 Jahren in einem Leben sowie Glaubens-, Bildungs- und Gesellschafts-System verhaftet. Im wahrsten Sinne des Wortes. Die Weisheit der Seele wird nie weniger, sie wird schlicht in diesem System nicht wahrgenommen, geschweige denn genutzt und gefördert. Denn würden die Menschen das tun, also mit dem hohen Level ihrer Geburt starten und diesen ab dann stetig weiter erhöhen, sähe unsere Welt heute anders aus!

Beruf

Alex hat einen, rational betrachtet, guten Beruf. Was leidig ist, ist der immer stärker werdende Egoschwanzlängenvergleich im Umfeld. Hast Du gut abgeliefert? Machst Du einen guten Job? Bist Du besser als Kollege XY? Wirst Du befördert? Steigt Dein Gehalt? Machst Du Karriere? Diese Fragen hört Alex ständig, nicht nur im außen, sondern auch in sich.

Geld

Irgendwie ist immer zu wenig Geld vorhanden. Da Alex noch nichts von Mangel und Fülle sowie Resonanz gehört hat, ist er manchmal mies drauf, weil er meint, dass sein Gehalt zu wenig ist. Über Geld spricht man zwar nicht, aber irgendwie weiß jeder, was der andere so grob am Monatsende an Gehalt bekommt und wie so oft ist der Vergleich der Tod des Glücks.

Liebe

Alex hat sich und einiges ausprobiert, Liebeskummer erlebt und meint dann, den passenden Paartner gefunden zu haben. „Ratio“ hatte ja gesagt und „Ego“ auch. Also wird die Beziehung verFESTigt. Und so treffen sich zwei weise Seelen, die in verzogenen Leben stecken, mit vererbten Glaubenssätzen und Erfolgsbremsen. Da sie davon nicht wissen ... wissen sie nicht, was sie tun.

Gesundheit

Seine gesundheitlichen Themen hatte Alex immer. Von SelbstHeilung weiß er immer noch nichts, stattdessen geht er brav zum Arzt und gibt seine Selbst-Verantwortung in die Hände des weißgekleideten Gegenübers. Alex wird müder, leerer, schiebt das auf zu viel Arbeit und Stress. Dennoch *„legt er noch ‚ne Schippe drauf“*. Er hat ja in den ersten 20 Jahren gelernt, dass er sich immer noch ein bisschen mehr beMÜHEn und anSTRENGen muss, sonst wird das nichts ... mit Erfolg und Ansehen. Der Gesundheit ist das wurscht, sie kann und mag immer weniger.

Bildung

Da Lernen nur etwas für Menschen ist, die dumm sind und es nötig haben, lässt sich Alex höchstens auf interne Schulungen ein oder wenn er auf Firmenseminare geschleppt wird. Eigentlich ist das schon interessant ./. uneigentlich braucht er das nicht. Er ist belesen und weiß schon alles, erzählt ihm sein Suggestions-Programm und haut weitere Dellen in Alex, verschließt die inneren Türen zur Offenheit und macht ihm Freiheit vor, während sein Gefängnis immer karger und kleiner wird. Dieses innere Ziehen in alle Richtungen gleichzeitig, die Selbstzweifel sowie die Ahnung, dass das so alles nicht richtig sein kann, sind ungesund.

„Bildung ist wichtig,
vor allem wenn es gilt, Vorurteile abzubauen.
Wenn man schon ein Gefangener seines eigenen Geistes ist,
kann man wenigstens dafür sorgen,
dass die Zelle anständig möbliert ist."
- Sir Peter Ustinov -

„Das kann es doch nicht gewesen sein ... da muss doch noch was kommen."

Alex, der Mensch, will seinem Leben (wieder!) einen Sinn geben!

SUCHEN

Alex weiß, dass es so nicht weitergehen kann. Sein Leben ist nicht schlimm, aber Freude und Sinn sind abwesend. Irgendwas fehlt, aber er weiß nicht was. Irgendwas ruft leise in ihm. Manchmal taucht eine Erinnerungswolke seiner Klarheit auf, wird aber von „Ratio" und „Ego" schnell wieder weggeblasen.

Zum Geburtstag wird ihm gewünscht *„Bleib wie Du bist"* und Alex könnte kotzen. Er und sein Leben stagnieren ... und sein Umfeld wünscht ihm das, „gutgemeint", auch noch. „So bleiben wie man ist" verhindert jede Form der WeiterEntwicklung.

Anderen Menschen scheint es auch so zu gehen. Auch sie möchten ein sinn- und freudvolleres Leben. Doch die Rollenstrukturen des Systems verbieten, dass sie sowohl das, als auch sich und ihr Herz zeigen. So leben die Menschen zusammen und sind dennoch einsam. Einsam in ihrem Gefängnis der Suggestion. Traurig, weil sie nicht all ihre angeborenen Möglichkeiten (aus)leben. Enttäuscht, hauptsächlich von sich selbst, weil die Zeit in ihrem Leben immer schneller vergeht und scheinbar immer weniger genutzt wird.

Es ist ein Funktionieren und ein (lautloses, verborgenes) Suchen. Denn nach wie vor sind Rebellen Außenseiter bzw. wenn sie sich als Rebellen zu erkennen geben, werden sie ausgestoßen. Dieser Image-Verlust bringt das „Ego“ zum Heulen und die „Ratio“ zum Rechnen. Also verharrt der Mensch weiter in dem System, das seinem Glück, seiner Gesundheit und WeiterEntwicklung keinen guten Dienst erweist.

Kurze Ausflüge zu einer anderen anSicht der Dinge werden zuerst als Spinnerei und später, mit vorgerücktem Alter, als Midlife-Krise abgetan. *„Der (Mensch) wird schon wieder“*.

Alex sucht ... weiter. In ihm glimmt die Hoffnung wie auch das Gefühl, dass da vielleicht doch mehr ist, dass es an der Zeit ist, nicht mehr auf andere zu hören, sondern die Antwort in sich zu finden. Er übt sich auf dem Weg der Selbstfindung. Gezeigt wird ihm dieser bzw. diese durch private Schicksalsschläge wie Krebs, Trennung und Tod. Sein Mitgefühl erwacht wieder, ebenso wie der Wille nach ich-will-leben. Muss er jede Erfahrung selber machen oder kann er auch über das Beobachten lehrreiche Schlüsse ziehen?

Während er den Erkrankten und Betroffenen zur Seite steht, erkennt er, was deren Leben auch mit seinem zu tun hat. Es ist ein langer Weg ... zurück zu seiner Klarheit. Doch Alex weiß, dass er ihn gehen will und dass es mehr gibt als die traurige aktuelle Suggestion. Er will leben, sein Leben leben. Der Mensch möchte wieder zurück zu sICH, zu seinem klaren, weisen Ursprung. Dafür muss viel Müll ausgeMISTet und entsorgt werden. Doch Alex hat erkannt, dass alles in seinem Leben einen Sinn hatte. Das Ausmisten wird ihm eine Freude sein. Denn nun endlich blickt er hinter den Vorhang, erkennt und beginnt sich zu erinnern. Ja, es wird ein Weg. Doch Alex weiß, tief und fest, dass er an seinem Lebensende nie zurückblicken und bedauern will, dass er damals, in seiner jetzigen Gegenwart, die Erkenntnis und das Erwachen nicht dazu genutzt hat, sich zu beFREIen und in Klarheit zu sein.

FINDEN

Alex ist in seiner Veränderung, oder besser gesagt, transFORMation. Er will seine SPIRITuelle ursprungsFORM wieder finden. Das wird dauern und auf diesem Weg wird er viele Menschen verlieren. Menschen, die nicht verstehen, dass er mehr vom Leben will als klein und gleichförmig zu sein. Menschen, bei denen das Suggestions-Programm leider schon so fest sitzt, dass die Widerhaken nicht nur bei ihnen selbst tief sitzen, sondern dass sie auch noch versuchen, diese bei abwandernden Aufwachenden wieder einzuhaken. Sie werden versuchen Alex einzureden, dass er alles verlieren wird – Sicherheit, Arbeit, Familie, Geld, Status. Wie könne er nur so ver-rückt sein? Und Alex freut sich. Er ist noch lange nicht da, wo er wieder hin will.

Doch er ist glücklich, dass sich in seinem Leben nach und nach vieles ver-rückt. Dorthin wo es wirklich hin gehört und somit wieder Raum für die Wahrheit (er)schafft.

So wie er Menschen verliert und feststellen wird, dass das kein Verlust ist, so werden neue Menschen in sein Leben kommen. Impulsgeber, die ihm das zeigen, was er als Baby hätte lernen sollen. Alex vertraut. In der Zwischenzeit ist ihm klar geworden, dass alles so hatte sein sollen wie es war. Das berühmte *„Hätte ich das mal früher gewusst“* bringt ihm nichts. Denn hätte ihm jemand die Wahrheit gesagt, die er heute offenen Herzens in sich aufsog, hätte er sie in der Vergangenheit entweder nicht gehört oder nicht geglaubt. Alles zu seiner Zeit. Auf die Nacht folgt der Tag. Würde der Mensch den Tag, die Sonne und das Licht genießen, wenn er nicht auch die Polarität von Nacht, Mond, Dunkelheit kennen würde? Schwerfällig wie die Menschen sind, wahrscheinlich nicht. Der Mensch kommt in diese Dimension, um zu lernen. Seine Lernaufgaben definiert er vor seiner Geburt in seinem Seelenplan. Ebenso wie die Mitspieler. Als Seele ist er voller Weisheit und Wissen. Eine Seele, in ihrer verBUNDenheit mit Gott, macht keinen Fehler und lässt den Menschen, der sie mal sein wird, aus Versehen **ups* paar Jahrzehnte rumirren. Das kann man möglicherweise mit dem „gesunden Menschenverstand“ nicht erfassen. Ist auch nicht nötig. Dafür hilft das Vertrauen, dass die Seele weiß.

„Falls Gott die Welt geschaffen hat,
war seine Hauptsorge sicher nicht,
sie so zu machen,
dass wir sie verstehen können."
- Albert Einstein -

Das spürt auch Alex. Je mehr er sich auf den Fluss des Seins einlässt, umso mehr weiß er auf einmal und umso mehr erinnert er sich wieder. Diese Zeit des erWACHens erlebt Alex als sehr, sehr erHELLend. So vieles ist ihm neu und gleichzeitig singt es aus seiner Erinnerung. Mit jedem Tag wird er geLASSENer, kehrt immer mehr und tiefer zu seiner Klarheit und Selbstliebe zurück. Seine Gesundheit und seine Ausstrahlung verändern sich. Ihm geht es immer besser und die Menschen sehen ihm das auch an. Sie wollen wissen, ironisch ausgedrückt, *„was er nimmt"*, um so glücklich zu sein. Er antwortet, dass sein Leben immer noch dasselbe ist, doch dass sich von Augenblick zu Augenblick seine sichtWeise darauf und deshalb auch seine LebensWeise transFORMiert.

Alex interessiert sich für viele Themen. Er liest viel, tauscht sich mit anderen Menschen aus, schaut Filme und sehr viel mehr. Jetzt prüft er selbst! Nicht mehr nur mit der Ratio, sondern vorrangig mit dem Herzen. Nur wenn es sich für ihn wahr und stimmig anfühlt, selbst wenn alle „Beweise" gegenteiliges bestätigen wollen, übernimmt er es in sein Leben. So erfährt er Erkenntnisse mit dem Unterschied zu vorher:

Er hat nicht einfach nur ungeprüft übernommen, weil ihm vom Außen eingetrichtert wurde, was falsch oder richtig ist. Er prüft für sich und seine Wahrheit. Daraus folgend lehnt er etwas ab oder übernimmt es in seine LebensWeise. Das ist eine ganz andere Essenz als früher.

Er erlebt auch, dass er manches völlig aus seinem Leben streicht. Mit dem Wissen *„alles zu seiner Zeit"* hadert er nicht mit sich, so lange dafür gebraucht zu haben, sondern nimmt es schlicht zur Kenntnis. Und er erlebt eine sehr beREICHernde Ergänzung. Etwas, was es vormals in seiner falsch-richtig-Welt nicht gab: Jetzt mischt er zu weiß ein bisschen blau und gelb, diese Aspekte erGÄNZEn sich zu einem WUNDERschönen türkis ... bildlich gesprochen.

Ein ThemenSpektrum, dass Alex nun unter anderem interessant findet:

Selbst-Heilung

Auf Gesundheit und Krankheit kam Alex, als er sich mit dem Thema „Burnout" beschäftigte. Jährlich steigen die Zahlen der davon Betroffenen in den Reports der Krankenkassen in der Rubrik „Psychische Erkrankungen". Darin ist auch der „Zustand" Burnout enthalten. Die anderen Rubriken sind z. B. Krankheiten des Verdauungssystems, Skelett-Systems uvm.. Er dachte an seine Mutter und ihre Magenschmerzen. War das nun eine psychische Erkrankung, weil sie an einer bestimmten Situation litt und den Ärger schweigend runterschluckte? Oder war es „einfach nur" eine rein physische Erkrankung in ihrem Bauch? Waren Rückenschmerzen vielleicht ein Hinweis, dass der Mensch einiges in seinem Leben nicht mehr (er)tragen kann und will oder schlicht eine Form der körperlichen Abnutzung? Kann man das wirklich so abgrenzen und trennen, wie es die Wissenschaft und Schulmedizin den Menschen glauben machen will?

„Es gibt mehr Ding' im Himmel und auf Erden,
als Eure Schulweisheit sich träumt."
- William Shakespeare, *Hamlet* -

Alex fand, dass die Schul-Medizin, Psychologie und somit auch Pharmaindustrie wenig wahres Interesse an der Heilung der Menschen haben. Geld regiert die Welt. Macht und Gier machen vor dem Bereich Gesundheit keinen Halt. Hier wird sehr, sehr viel Geld umgesetzt. An gesunden Menschen verdient das aktuelle System aber nichts. Somit ist sowohl der Erhalt von Krankheiten wichtig als auch die Entwicklung von neuen. Zwar wird grundsätzlich niemand absichtlich und gleich komplett krank gemacht, doch seine täglich Menge Gift gib ihm heute, dem ach so aufgeklärten Menschen. Denn wer sich sein Leben lang „normal und ausgewogen" ernährt (so wie es als gesund dargestellt wird, z. B. mit tierischen Produkten), wer Alkohol trinkt, raucht, in allem möglichen und unmöglichen Zucker zu sich nimmt, über die Kleidung und Körperpflege täglich seine Portion Chemie (z. B. Aluminium, Aspertam, Fluorid) bekommt, uvm., der wird später oder früher unweigerlich krank.

Doch Ärzte heilten selten ganzheitlich, sondern entfernten höchstens die ausWirkungen des ungesunden Irrsinns. Die Ursache blieb ... und somit auch die Krankheit. Die sich entweder im selben Bild wieder zeigte oder, Stichwort „Symptomverschiebung", anderswo im Körper oder Geist. Die Medikamente, die sie verabreichten, schufen durch die Nebenwirkungen weitere Folgen, die der Mensch nicht braucht und ihn zum Dauerkunden in den Arztpraxen macht. Es wurde versucht, Krankheiten zu reparieren, statt die Gesundheit zu pflegen! Um letztgenanntes zu erreichen, wäre ein guter Anfang, Menschen über Ernährung aufzuklären und ihnen dabei zu helfen, wieder zurück zu ihrer Klarheit und somit (Selbst-)Heilung zu finden.

„Das ist der größte Fehler bei der Behandlung von Krankheiten,
dass es Ärzte für den Körper und Ärzte für die Seele gibt,
wo beides doch nicht getrennt werden kann.“
- Platon -

vegan

Wenn Alex als Kind beim Einkaufen brav war, erhielt er von der netten Wurstverkäuferin ein Stückchen Gelbwurst. So wurden unbewusst zwei (bzw. drei) Prägungen des Suggestions-Programms implementiert:

1. Sei brav

2. ... dann bekommst Du eine beLOHNung.

3. Tier essen ist normal.

Und für Alex war es total normal, Tiere zu essen. Leben, Sterben, Tod. Gar nicht mal als spirituelles Rad betrachtet, sondern ganz weltlich. Seine Mutter arbeitete in der Rechtsmedizin und schrieb die Berichte der Obduktionen. Der Vater war Jäger. Einige Gespräche beim Abendessen über diese Erlebnisse hätten so manchem Gast auf den Magen und somit auf den Appetit geschlagen. In der Familie war Sterben und Tod ein ganz normales Thema und somit auch, tote Tiere sowie deren Produkte, wie Käse und Eier, zu essen. Alex lernte von klein auf, dass das so richtig ist ... und machte sich darüber vorerst keine Gedanken. Im Gegenteil. Er fand es seltsam, dass ein Bekannter als Vegetarier keine Tier aß. Alex war kein großer Fleischesser und Fisch mochte er gar nicht. Aber Gelbwurst und ein Cordon Bleu ... das fand er schon lecker. Zwar achtete er irgendwann darauf, Bio Fleisch zu kaufen, doch Hirn und Herz schalteten leider noch lange keine Verbindung zwischen dem toten Tier in der Verpackung und dem vormals lebenden Wesen ... mit wahrscheinlich leidvollem Leben und unwürdigem Sterben.

„So lebe ich fettlos, fleischlos, fischlos dahin,
fühle mich aber ganz wohl dabei.
Fast scheint mir, dass der Mensch
gar nicht als Raubtier geboren ist.“
- Albert Einstein -

Ursprünglich wollte Alex seiner Gesundheit etwas Gutes tun und seine, wie er meinte, gesunde Ernährung noch weiter verbessern. Er fing mit grünen Smoothies an und ... *tzzz* ... wie kann man dazu sagen ... fängt man erst mal an, sich wirklich zu informieren, gehen einem die Augen auf ... und sie sehen immer noch weitere Themen. Für Alex war schnell klar, dass nichts und niemand zu seinem (vermeintlichen) Wohl Leiden und Sterben sollte. Somit entdeckte er für sich die vegane Ernährung und darüber hinaus auch Körperpflege, Bekleidung sowie Putzmittel. Je mehr er dazu recherchierte und alles genau für sich abwog, umso entsetzter und enttäuschter war er, was den Menschen für ein Dreck untergeschoben wird. Daran und an der Ausbeutung von Lebewesen wie auch der Erde wollte er sich nicht weiter beteiligen. Andere Menschen ließ er damit in Ruhe, veränderte aber immer weiter seine eigene LebensWeise. Gerade wiederum diese gelassene Haltung führte dazu, dass er vielen Menschen Tipps und Motivation geben durfte, hinter den Vorhang „gesunde und ausgewogene Ernährung" zu blicken.

Leben, Sterben, Tod … Hospizbegleitung

Je weniger Medikamente und Angst er indirekt über seine Ernährung aufnahm, umso klarer und heller wurde Alex. Sein Leben entwickelte sich bewusster und gleichzeitig interessierte er sich für die Themen Sterben und Tod. Vor allem das würdevolle Sterben und das Enttabuisieren vom Tod.

Schon als Kind hatte er in der Rechtsmedizin die erste Leiche gesehen. Das war interessant doch eher emotionslos, da er keine Verbindung zu der Verstorbenen hatte. Das war anders, als er mit elf neben seiner geliebten, toten Oma aufwachte. Vielleicht der größte und schmerzvollste Verlust seines Lebens, zumindest bis zu diesem Alter und noch viele darauf folgende Jahre. Trauer war Trennung, aber endgültig, da der Mensch nicht mehr in dieser Dimension weilte und es somit in dieser auch keine Chance auf ein Wiedersehen gab. Alex Herz war gebrochen und es dauerte lange, bis es wieder ansatzweise heilte.

Mit diesen Erfahrungen und seiner HochSensibilität war ihm wichtig, Menschen in ähnlichen Situationen zu helfen. Er empfand sich und sein Leben gesegnet, wollte etwas (zurück)geben. Seine Wahl fiel auf das Ehrenamt der Hospizbegleitung. Dabei darf er Menschen beim Sterben begleiten; helfen, noch zu Lösendes zu klären; Ängste vor dem Sterben und Tod zu nehmen.

„Du bist mein Engel", sagte eine Dame, was ihn zutiefst berührte.

Die SPIRITuelle und die WELTliche Dimension

Alles ist Energie. Energie geht nicht verloren, sondern bleibt und verändert nur ihre Form. Nach der Geburt folgt das Leben und diesem der Tod. Doch weder vor der Geburt noch nach dem Tod ist nichts, sondern ALL.es ist ein fortwährender Fluss … von Energie und Liebe.

Auch ohne eigenes Nahtoderlebnis wusste Alex, dass er schon mehrfach gelebt hatte und dass eine Seele nicht sterben kann, sondern für jeweils begrenzte Zeit in einem jeweils anderen, neuen Körper wohnt. Dieses Wissen beglückte ihn viel mehr als das, was er dazu bisher lernen musste: Der Mensch ist grundsätzlich schuldig, nach dem Tod kommt entweder der Himmel oder die Hölle. Fertig.

Alles was er nun erfuhr und erlebte, fühlte sich für ihn so stimmig an, weil es liebevoll und erwartungslos war. Es war befreit von Macht und Gier, es ging in der verBUNDenheit von Welt und Spirit um das Wohl aller LebeWesen. Das fühlte sich wahr an, anders als das bisher allgemeingültige „Wissen'. Endlich ergab alles, ganzheitlich betrachtet, einen Sinn. Viel mehr Sinn als diese manipulierenden, klein und schuldig machenden Vorgaben, die den Menschen „im Namen Gottes" gesagt werden. Es war liebevoll und es fehlte jegliche Form der Abhängigkeit.

Alex brauchte keine Beweise. Er entfernte sich immer mehr von seinem Ratgeber „Ratio" und folgte lieber „Herz". Das Herz hatte viel Freude bei Erfahrungen mit „Healing" und „Mediumship". Heilung war ja bereits sein Thema. Jenseitskontakte, Rückführung und Reinkarnation rundeten das Ganze wundervoll ab. Da eine Seele nicht sterben kann, war und ist sie immer. Somit kann ein Lebender natürlich sowohl Kontakt zu einem Verstorbenen aufnehmen als auch sein(e) Vorleben sehen. Das ist ein groooßes HeilungsSpektrum, weit mehr als *„Geh zum Arzt und lass Dir Medikamente geben"*. Das war wirklich eine ganzheitliche, gesamtheitliche betrachtungsWeise und Alex wusste

„Ja, so ist es".

„Eines Tages wird man offiziell zugeben müssen,
dass das, was wir Wirklichkeit getauft haben,
eine noch größere Illusion ist als die Welt des Traumes."
- Salvador Dalí -

Geistführer

Bisher kannte Alex nur Engel. So war es eines der wertvollsten Geschenke seines Lebens, als er vom Geistführer hörte. Das fühlte sich nach einem großen „Ja" und wie nachhause-kommen an. Das Gefühl, dass jeder Seele immer ein (Haupt-)Geistführer zur Seite stand, war wunderschön. Dieser Geistführer war, anders als Engel, selbst auf der Erde gewesen, hatte gelebt und sich so hoch entwickelt, dass er irgendwann nicht mehr in ein neues Leben inkarnierte, sondern eine Seele dabei unterstützte, in all ihren folgenden Leben ihren Seelenplan zu erfüllen. Diese Seele bzw. den jeweiligen Menschen begLeitet immer sein Geistführer. Welch Liebe und Schutz.

Alex fand schnell Zugang zu seinem Geistführer. Erkannte, wie sich dessen Präsenz anfühlt. So wurde ihm auch klar, dass er ihn tatsächlich schon immer wahrgenommen hatte. Doch ohne das Wissen, dass es vollkommen normal ist, einen Geistführer zu haben und mit ihm in liebevoll-freundschaftlichem Austausch zu sein, vergaß er es. Als Baby hatte er darum gewusst, als Erwachsener durfte er sich wieder erinnern. Er erlebte den Segen, schon als Mensch erwartungsfreie und bedingungslose Liebe zu fühlen.

Und so übte er sich darin, die Sprache „Alex – Geistführer, Geistführer – Alex“ wieder zu erlernen und jede neue Erfahrung war ein unfassbar seligmachendes Geschenk. Wenn das nur alle Menschen erkennen und erleben könnten, wünschte sich Alex.

Meditation

Eine der besten Übungen, sich wieder mit seinem Geistführer zu verbinden und offen zu sein für die Impulse der geistigen Welt, ist die Meditation. Alex kaute lange auf diesem Thema rum. Ihm war mindestens zehn Jahre klar, dass ihm das Meditieren grandios helfen würde – mindestens für Klarheit, Gesundheit und Gelassenheit. Doch der Versuch des Meditierens war vorerst nah an das Scheitern gebaut. So dachte Alex zumindest. Denn wenn er in die Stille ging bzw. gehen wollte, kamen die viiiele Gedanken. Das wiederum bewertete er als nicht-meditieren. Somit meinte er, dass ihm das Meditieren misslang ... und unterließ es. Dabei zweifelte er nie an der geistigen Welt, seinem Geistführer oder dem Sinn der Meditation. Doch er zweifelte ein bisschen an sich selbst, ob er je den Zugang dazu finden würde.

Vielleicht gehörte dieses Erleben zu einer seiner Lernaufgaben, denn er besuchte eine Ausbildung und die Worte seines Lehrers machten ihm von einem Augenblick zum nächsten klar, dass und wie er meditieren konnte. Seit dem liebt Alex die Meditation. So sehr, dass er auch gerne anderen Menschen Führung und Anleitung dazu gibt. Für ihn ist es immer ein großes Glücksgefühl, etwas von seinem Wissen weitergeben zu dürfen, damit die Menschen möglichst bald und leicht wieder zurück zu ihrer Klarheit finden.

LebensWeise

Es gibt nicht die eine, richtige Art zu Leben. Das Leben und Sein ist eine Summe der Einzelteile ... die sich sekündlich transFORMiert. Für diese Erkenntnis hatte Alex Jahre gebraucht und nun gab sie ihm in jedem Moment Sicherheit, Ruhe und Gelassenheit.

Aus diesem Zustand heraus zu sein und zu handeln, ist ein ganz anderer Schnack als rational, hektisch durch das Leben zu eilen, wie es die meisten Menschen noch tun. Für sich erkannte Alex, dass es auch eine der Lügen des Suggestions-Programms war, dass der Mensch an sich „arbeiten“ + „muss“. Das ist, im wahrsten Sinne des Wortes, ein ratSCHLAG.

Statt „arbeiten“ reicht, vorerst, beobAchten. Statt „muss“ erlaubt und öffnet ein „darf“ sehr viel mehr. Der Mensch darf sich beobAchten. Welch andere Nuance, welch wertfreier Fluss?! Denn statt den Schlüssel da zu suchen, wo das Licht am besten ist, wird man ihn nur da finden, wo man ihn wirklich verloren hat. Eine neue Glühbirne im Wohnzimmer einzudrehen, macht – trotz grundsätzlich richtiger Handlung – keinen Sinn, wenn die Glühbirne im Keller kaputt ist.

Alex fühle sich beREICHert. Ihm wurde das weltliche Leben auf liebevolle Weise immer gleich=gültiger und somit erlebte er es voller Spaß, Sinn und Spirit.

Er erkannte eine weitere Lüge, die die Menschen klein und manipulierbar hält: „*Das Leben ist schwer*“ stimmt einfach nicht. Es ist nur schwer, wenn man es sich aufgrund der ungeprüft übernommenen Vererbungen schwer macht. Wenn man sich jedoch selbstverantwortlich entscheidet, das Erbe jetzt abzulehnen, (er)drückt es einen nicht mehr ... und voilà ... das Leben wird leicht, einfach und ein Ponyhof.

„Niemand kann Dir, ohne Deine Zustimmung,
das Gefühl geben, minderwertig zu sein.“
- Eleanor Roosevelt -

Was waren die Einzelteile, die (s)ein Leben ausMACHen und beinHALTen?

Alex recherchierte und kam dabei auf einige Modelle, die unterschiedlich viele Lebensbereiche enthielten. Aber diese bezogen sich wieder nur auf eher Rationales wie z. B. Beruf, Geld ... und dann erst Familie, Freunde, Soziales usw. Neee, das war ja nur alter Wein in neuen Flaschen. Er wollte den Lügen entkommen und sie nicht nur anders verpackt bekommen. So forschte er weiter und fand schließlich Manuela Starkmann. Sie ist Guide und führt Menschen zu Klarheit! Genau das wollte Alex. Besonders, weil sie ausdrücklich klar macht, dass sie niemanden zu ihrer Klarheit führt, sondern wirklich zu der des Menschen, den sie im Guiding begleitete.

Das klingt gut. Das klingt unabhängig. Das klingt freiheitlich. Hat sie darüber hinaus auch etwas zu den Lebensbereichen? Ja! 21 Aspekte, die zur Klarheit führen, sowie das Modell der inneren Ratgeber. Dazu gibt sie Unterweisungen, führt eine Meditation und veröffentlichte ein Buch ☺

Die 21 Aspekte waren für Alex äußerst erHELLend, ebenso wie die persönlichen Guidings. Zusätzlich war es für ihn eine sowohl wichtige Basis als auch lösungsorientierte Leitplanke, zu erkennen, wer seine inneren (Haupt-)Ratgeber sind. Diese Erkenntnis war ein Meilenstein, die seinem Leben endlich wieder die richtige Richtung gab.

Die inneren Ratgeber

Wenn man es weiß, ist es so einfach, so klar. Die ganze Zeit hat man die Antwort und Lösung, im wahrsten Sinne des Wortes, vor Augen. Allerdings hinter dem Brett vor dem Kopf.

Obwohl sich Alex immer mehr vom Rationalen löste und wieder seinem Herz vertraute, half ihm die klare Struktur des Modells „**Erkenne Deine inneren Ratgeber**“, um das Ganze VERSTANDesmäßig zu erfassen.

Er hatte verstanden, dass (rationale) Veränderung in drei Schritten abläuft:

1. denken
2. fühlen
3. handeln

Da er in seinem bisherigen Leben verzogen worden war, brauchte nun zuerst sein Kopf etwas zum Analysieren. Der Torwächter Ratio muss schlicht beschäftigt, abgelenkt und damit ausgetrickst werden. Dem Wunsch nach Anerkennung von Ego gab man imaginär ein Stück Schokolade, so war dessen Aufmerksamkeit an eine Form von Lob gebunden. Somit hatte das Herz endlich Raum, sendete klar seine Gefühle und Alex kann sie wieder wahrnehmen.

Ein Herz hat in seiner intuitiven Weise in einem Sekundenbruchteil Klarheit! Sobald es klar ist, kann der Mensch danach handeln und leben. So einfach ist das!

Alex war zuFRIEDEN. Er war im richtigen Leben. Alles hatte seinen Sinn und führte ihn zu den Erkenntnissen, die im jeweiligen Jetzt seine LebensWeise ausmachten. Somit würde auf seinem Grabstein nicht stehen:

†
Hier liegt ein Mensch, der bedauert, was er in seinem Leben alles unterlassen hat.

Jetzt war er handlungsfähig. Jetzt wusste er um seine Verziehung und deren (auf)Lösung. Jetzt wusste er, dass er ein glückliches, gesundes, erfolgreiches Leben leben darf und er wusste sogar wie!!

KLARHEIT

Hiermit verabschiedet sich Alex. Er MEISTERt fortan seine LebensAufgaben, lebt in Fülle und Klarheit.

Dazu wird er noch viele Erkenntnisse sammeln und vielleicht erzählt er irgendwann darüber. Bis dahin ist er DANKbar für alles, was er erLEBEN darf und GLÜCKlich, im Jetzt zu sein. Er wird immer wieder wichtige Sparringspartner und bewertungsfreie Impulsgeber treffen. Er wird sICH weiterhin transFORMierEN.

Auf seinem Lebens-Weg wird er nun in sich fühlen, was sein Herz sagt und somit ERFOLGt AUTOmatisch, was ihn zu seiner Klarheit führt. Jetzt hat er seine anLeitung zum GlücklichSein.

Das Leben als Mensch ist schon interessant ♥

Lebe Deine Klarheit!

ERKENNE DEINE INNEREN RATGEBER

„Rat zu geben, ist das dümmste Handwerk, das einer treiben kann. Rate sich jeder selbst und tue, was er nicht lassen kann.“
- Johann Wolfgang von Goethe -

Alex, der Mensch, wollte sich nicht nur von seiner Vererbung, seinen Glaubenssätzen, Ängsten und Selbst-Zweifeln lösen, sondern diesen freien Raum in sich wieder mit Selbstliebe, Weisheit und Klarheit erFÜLLEn.

Zu diesem Lösungs-Weg gehört auch, sich wieder seiner inneren Ratgeber bewusst zu werden. In diesem zweiten Teil meines Buches möchte ich Dir Deine drei Haupt-Ratgeber vorstellen. Ja, ich möchte Dich sogar so führen, dass Du sie klar erkennst und darüber hinaus endlich auch ihre wahren Fähigkeiten richtig für Dich nutzen kannst. Denn dafür sind sie da – die inneren Ratgeber und deren Talente. Sie sollen Dir dienen, anstatt Dich irre zu machen. Und genau diesen Veränderungsprozess leiten wir jetzt ein. Bereit?!

Du hast Alex begleitet und sicher wahrgenommen, wie seine Ratgeber „Ratio“ und „Ego“ immer größer, lauter und besitzergreifender wurden. Sie haben ihn z. B. verleitet, einen Job anzunehmen, bei dem sein Bauchgefühl „*Nein*“ gerufen hatte. Doch Ratio rechnete die Vorteile aus und Ego fand den Status toll. Also sagte Alex „*Ja*“. Machen wir‘s kurz: Er hätte auf sein Bauchgefühl hören sollen.

Kennst Du solche oder ähnliche Situationen? Der erste Impuls weist Dir eine Richtung ... aber schon quatscht was anderes in Dir rein. Du hörst nicht mehr auf Dein Gefühl, sondern auf das Lautere in Dir. Und ... ging das dann hinterher in die Hose? Tja, hab ich mir gedacht.

Zurück zu Ratio und Ego. Grundsätzlich sind beide in Ordnung, nette Kerlchen. Sie sind anfangs, wie das Menschlein zu dem sie gehören, klein. Doch auch sie wachsen ... leider wie ein verwöhntes Kind, das immer irgendwas zu Futtern in den Händen hat, rumschlaumeiert und zu allem seinen Senf dazu geben muss. Die beiden werden größer und fetter, nehmen immer mehr Raum ein. Sie erobern sich, im wahrsten Sinne des Wortes, ihren Menschen. Und wie ein Mensch mit Macht verändern auch sie sich negativ. Sie übernehmen das Leben von ihrem Menschen. Der Person, der sie eigentlich mit Wissen und Aufmerksamkeit dienen sollten. Sie meinen es nicht böse, sie haben einfach ihren ursprünglichen Auftrag(geber) vergessen und dienen deshalb dem Suggestions-Programm. Dieses weiß genau, wie es ihre Fähigkeiten für sich und gegen den Menschen nutzt. Schade, hätte auch toll funktionieren können.

Doch dieses Buch ist zum Erkennen und Lösen da. Ich weiß, dass es eine Herausforderung ist, die Widerhaken im Programm zu knacken, doch ich helfe Dir dabei so gut ich von hier aus kann. Und ich möchte Dich erMUTigen:

Lass Dir keinen Scheiß erzählen! Schon gar nicht von Ratio und Ego.

Denn nun hast Du sie an der Backe und, momentan noch, auf der Gegenseite. Deine zwei Ratgeber sind fette Türsteher, die kaum etwas zu Dir und Deinem Herzen durchdringen lassen. Sie suggerieren Dir, dass sie Dich (be)schützen wollen. Stimmt, das wäre ihre Aufgabe und im Ursprung haben sie das mal getan. Wie gesagt, grundsätzlich feine Kerlchen, doch über die ersten zwanzig Deiner Lebensjahre hinweg haben sie Maß und Ziel verloren. Jetzt gilt es sie wieder richtig einzunorden und dafür werden sie jetzt: a. auf Diät und b. auf‘s Sofa gesetzt.

Vielleicht kennst Du das ... nicht von Dir, sondern von einem anderen Menschen ;-) Wenn man sich daran gewöhnt hat, nach dem Abendessen noch Chips oder Schokolade zu futtern, dann haftet es einem trotz des inneren Willens das zu lassen, noch eine Zeit lang widerborstig an. Es gibt nur einen Menschen, der die Entscheidung und Verantwortung für Veränderung oder nicht trägt: DU!

Diese entscheidungsFREIheit ist ein Geschenk und heißt Selbstverantwortung. Je mehr man sich vom Suggestions-Programm löst, umso klarer wird einem die Bereicherung der SELBSTverantwortung. Sie ist keine Last, sondern ein Segen. Viel Spaß damit! Und willkommen, Du bist auf dem Weg ... raus aus der Opferhaltung ... rein in (D)ein GLÜCKliches Leben!

Also, halten wir bis hier hin fest:

∞ Ratio und Ego sind im Ursprung sinnvolle Helfer

∞ Auf Deinem LebensWeg haben sie die Führung übernommen

∞ Sei ihnen nicht böse

∞ Gewohnheiten zu verändern dauert

∞ Setze Ratio und Ego auf Diät und auf's Sofa

∞ Dranbleiben oder aufgeben ... Du triffst die Wahl

„Nicht das Beginnen wird belohnt,
sondern einzig und allein das Durchhalten."
- Katharina von Siena -

Was ist der Sinn und das Ziel dieser Übung?

∞ Ratio und Ego halten grundsätzlich die Klappe
= Kein Gedankengeplapper im Kopf, keine Schlafstörungen, endlich innere Ruhe, Stille, geLASSENheit und zuFRIEDENheit.

∞ Du hast wieder mehr Raum ... für Dich, Dein Herz und Deine Klarheit
= Du hast ausgeMISTet und kannst den FREIen Platz mit Dir Dienlichem und Förderlichen füllen, z. B. Sinn, Spaß, Spirit.

∞ Rat vom Profi ... wann und wie Du es wünschst
= Statt von Ratio mit ellenlangen, unaufgeforderten Pro-und-Contra-Listen bedrängt zu werden, spricht dieser Ratgeber nur noch, wenn Du ihn ausdrücklich dazu aufforderst.

∞ Anerkennung und Aufmerksamkeit sind Dir eher wurscht
= Dein Ego jammert und heult nicht mehr, wenn seiner Meinung nach Lohn und Lob fehlen, somit unterlässt Du auch die Veitstänze danach und Ihr beide freut Euch friedlich über die Selbstliebe.

∞ Du spürst immer mehr, was Dein Herz wirklich will
= Sind die beiden Türsteher wieder auf Normalgröße geschrumpft, kommen endlich Deine Gefühle deutlich zum Vorschein. Du fühlst ganz genau, was stimmig für Dich ist und was nicht (mehr).

∞ Du kommst immer mehr zurück in Deine Klarheit
= Sind Ratio und Ego wieder mit dem Herzen im GLEICHgewicht, bist Du AUTOmatisch wieder in Deiner Klarheit. Du bist wach, erwacht, lebst in LEICHTigkeit, hast viel mehr Spaß am und im Leben.

∞ Das stimmige Umfeld
= Menschen, die Dir nicht dienen, die Dich manipulieren und klein halten wollen, verlieren ihr Interesse an Dir. Du bist, Gott sei Dank, nicht mehr mit ihnen in Resonanz. Ein weiser Mensch strahlt eine feine, hohe Energie aus.

∞ Du suchst nicht mehr, Du findest bzw. es findet Dich
= Wenn all der Leistungs-Druck und Stress von Dir abfallen, verändert sich Deine Ausstrahlung. Wie ein Magnet oder Sog ziehst Du für Dich stimmige Menschen, Gegebenheiten und Situationen an.

∞ Du tust und lebst, was gut für dICH ist
= Von ungesundem Egoismus und Schwanzlängenvergleich bist Du beFREIt. Stattdessen bist Du im achtsamen, liebevollen Fluss des Lebens und spürst genau, wofür Dein Herz schlägt.

∞ Du bIST im Jetzt
= Am LebensEnde bedauern … was Du alles nicht getan hast? Das wird Dir nicht passieren! Du bist voller Mut und Selbstvertrauen, genießt Deinen Spirit sowie das Geschenk der Selbstverantwortung. Du lebst.

∞ Du lernst und ent-wickelst Dich stetig weiter
= Lernaufgaben empfindest Du nicht mehr als Strafe, sondern als Übung und Gewinn. Du nimmst sie leicht. Darum erfüllst und MEISTERst Du sie auch leicht. Wie Dein ganzes Leben. Du bist, wieder, in Deiner Klarheit!

Wie fühlt sich das für Dich an? Bist Du dabei? Dann los, denn:

„Probleme kann man niemals mit derselben Denkweise lösen, durch die sie entstanden sind.“
- Albert Einstein -

Ich werde Dir folgend jeden Deiner drei Haupt-Ratgeber vorstellen.

Bitte lies in der von mir bewusst geschriebenen Reihenfolge.

Da ich a. nicht weiß, ob Du am Stück alle drei liest oder erst mal immer nur einen Ratgeber besser kennen lernen möchtest und b. Dir darüber hinaus ans Herz lege, diese Vorstellungen öfter zu lesen, leite ich jede für sich an. So bist Du frei und unabhängig … auch in Deiner LeseWeise ♥

Mach es Dir jetzt mit meinem Buch besonders bequem.

Sorge dafür, dass Du ungestört bist und Deine Ruhe hast.

Schaffe Dir ein Umfeld, in dem Du Dich schön entspannen kannst.

Gleich lernst Du drei wundervolle Ratgeber kennen. Geschenk und Segen zugleich. Freue Dich darauf, sei offen. Kommend werden sie Dein Leben wahrlich beREICHern. Lass Dich darauf ein, ebenso wie, dass Du die Führung von Deinem Leben nun wieder übernimmst. Zu Deinem und zum Wohle aller.

DEIN RATGEBER „RATIO“

„Ich achte nicht auf die Vernunft.
Die Vernunft empfiehlt immer das,
was ein anderer gern möchte.“
- Elizabeth Gaskell -

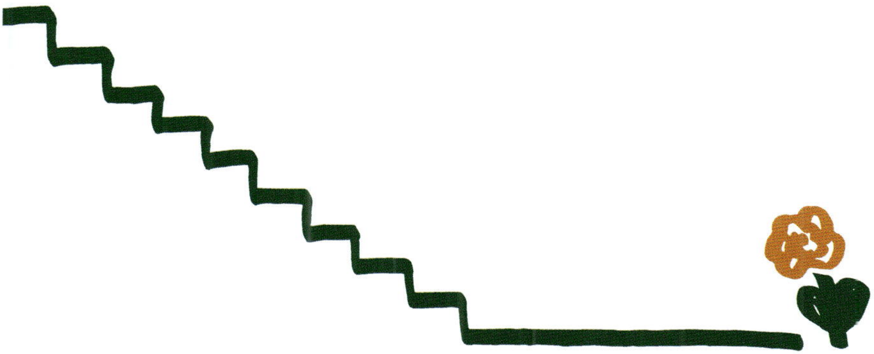

Willkommen auf dem Weg zu Deiner Klarheit. Ich möchte Dir folgend einen Deiner Ratgeber vorstellen. Lass Dich offen und bewertungsfrei auf diese Reise ein. Auch wenn Du den Namen schon weißt, wie von einem alten Schulkameraden, den Du bald wiedertriffst, löse Dich von jeglicher Vorstellung. Gehe langsam den Weg zurück, die Stufen der Erinnerung und Erkenntnis nach unten. Es sind zehn Stufen. Stelle Dich auf die oberste und blicke ganz kurz nach unten. Dort wartet ein Ratgeber auf Dich. Doch Du bist im Jetzt und Hier. Du stehst an der obersten Treppe, am Beginn. Stelle Dir nun vor, wie Du einen Schritt nach vorn und unten machst. Wunderbar, Du stehst auf Stufe eins. Ging ganz einfach. Darum machst Du einen weiteren Schritt ... und stehst auf Stufe zwei. Bewusst Stufe für Stufe zu gehen ist ein Prozess. Du lässt Dich vertrauensvoll darauf ein. Geh einen Schritt weiter, geh auf Stufe drei. Sehr gut, bleib in diesem ruhigen, sicheren Fluss. Trete jetzt auf Stufe vier. Dabei bist Du vollkommen entspannt, gehst Deinen Weg und betrittst Stufe fünf. Im wahrsten Sinne des Wortes gehst Du mit jedem Schritt tiefer und tiefer. Du stehst auf Stufe sechs. Genau so, weiter so. Schreite zur Stufe sieben. Du bist entspannt und offen. Du gehst tiefer, auf Stufe acht. Sehr gut. Du lässt immer mehr los, bist offen und voller Vertrauen in das Geschehen und dass es zu Deinem Wohle ist. Trete jetzt auf Stufe neun. Geh weiter runter, tiefer, auf Stufe zehn. Du bist angekommen. Prima. Du bist bei Dir, ruhig, entspannt und offen. Schau Dich um, folge immer dem ersten Impuls und erkenne, dass auf angenehme Weise, nah bei Dir, Dein Ratgeber „Ratio" steht. Ein cleverer Ratgeber, der analytisch denkt, strukturiert ist und über viel Wissen verfügt. Begrüße ihn. Danke ihm für seine Begleitung. Nimm ihn wahr. Wie fühlt er sich an? Welche Schwingung strahlt er aus? Folge Deinem Gefühl, vertraue Deiner Intuition, sei bewertungsfrei. Vor Dir ist eine schlaue Wesenheit, die nur dazu da ist, Dir mit ihren Fähigkeiten zu dienen. Du hast ein Bild von ihr. Welche Gestalt hat Dein Ratgeber „Ratio"? Nimm das erste, was Dir in den Sinn kommt. Verweile einen Augenblick, ohne weiterzulesen, in dem Du, vielleicht sogar mit geschlossenen Augen, Ratio betrachtest. Vielleicht ist Ratio ein Mensch, Dir bekannt oder eine Berühmtheit, lebend oder bereits verstorben. Vielleicht ist Ratio irgendetwas anderes. Was immer sich zeigen mag, nimm es bewertungsfrei an. Und jetzt nimm Dir einen Augenblick Zeit der Stille und betrachte Ratio.

- Lesepause -

Wie sieht Ratio aus? Wer oder was ist Ratio? Du brauchst ein klares Bild ... und wenn's ein Testbild ist. Nimm das, was im ersten Impuls auftaucht. Es kommt nichts? Doooch! Vielleicht leise oder klein, doch da ist etwas oder jemand. Die Gestalt bzw. Form von Ratio gefällt Dir nicht? Macht nix. Sie kann sich verändern. Du siehst auch nicht immer gleich aus und heute ganz bestimmt nicht wie früher. In Deinem Entwicklungsprozess kann sich Ratio verändern ... oder auch nicht. Bewerte das nicht, beobachte es einfach nur. Schau, genau das ist Ratio's Art. Lass Dich nicht irre machen. Nimm einfach ein Bild und wenn Dir gar nichts Besseres einfällt, dann kreiere, für's erste, eines. Der Ratgeber Ratio zeigt sich bzw. wird sich zeigen, auf seine Weise – ganz sicher.

Fertig? Dann weiter!

Ich gehe jetzt davon aus, dass Ratio vor Dir steht. Denke, spreche oder fühle folgende Worte in gleicher oder für Dich stimmiger Art:

„Lieber Ratgeber Ratio, schön, Dich jetzt bewusst wahrzunehmen und zu sehen. Du begleitest mich mein ganzes Leben lang. Du tust Dein Bestes für meine Bildung und um mir Entscheidungen zu erleichtern. Du bist für mich da und Du leitest mich. Dafür danke ich Dir!

Gleichzeitig habe ich erkannt, dass ich Dir immer mehr erlaubt habe, mein Leben zu führen. Ich weiß, das tust Du nach bestem Wissen und für meine Sicherheit. Doch ich habe festgestellt, dass das Verhältnis für mich nicht mehr stimmig ist. Viel zu oft lasse ich mich von Zahlen, Daten, Fakten leiten und verleiten. Manchmal umschwirren sie mich so laut, dass ich den leisen Impuls meiner Intuition überhöre. Doch das Gefühl bleibt. Und hinterher, wenn ich dennoch wieder mal rational entschieden habe, ärgere ich mich darüber. Das verunsichert mich – genau das Gegenteil von dem, was ursprünglich Dein Dienst an mir ist.

Ich habe erkannt, dass ich die Führung meines Lebens jetzt wieder übernehme. Dafür wünsche ich mir Deinen Beistand – doch auf andere Weise als bisher.

Lieber Ratgeber Ratio, ich schau Dich an, Du bist vor mir, zu meiner rechten Seite. Etwas weiter hinten, rechts, sehe ich ein Sofa stehen. Nimm darauf bitte Platz, jetzt!

Das ist nun Dein Platz. Zu meiner Rechten, mit Abstand, mit einer ruhigen, gelassenen Wirkung. In nächster Zeit werde ich Dir weniger Beachtung geben. Nicht, weil ich Dich nicht schätze, sondern weil ich wieder zurück zu meiner Klarheit finden möchte. Gib mir dafür bitte den Raum, damit unterstützt Du mich sehr. Du kannst mich von Deinem Sofa aus sehen. Du kannst absolut sicher sein, dass es mir gut geht und ich beschützt bin. Du bist auch so nah, dass Du einspringen könntest, wenn ich Dich brauche. Doch Deine Aufgabe ist jetzt vorrangig, mich selbst leben und erleben zu lassen. Still, von Deinem Sofa aus.

Meine Übung ist, wieder zu fühlen, was mir mein Herz sagt. Dafür wünsche ich mir Abstand und Ruhe von Dir. Du kannst auf Deinem Sofa gerne jede Form von Liste führen – für Dich, mich lass damit in Frieden.

Ich übe mich, wieder den ersten Impuls zu spüren. Dafür ist mir meine innere Stille wichtig. Sollte der Moment kommen, wo ich entscheide, dass ich jetzt einen Rat wünsche, komme ich aktiv auf Dich zu. Bis ich Dich anspreche und frage, bist Du wohlgestimmt, leise und passiv auf Deinem bequemen, sicheren Sofa. Wenn ich Dich nach einer Lösung frage, gibst Du sie mir klar und kurz. Frei von Szenarien und frei epischer Breite. Einfach eine klare, kurze Lösung. Und dann bist Du schon wieder raus aus dem Spiel und gehst in Deine Stille. Denn nun werde ich mir Dein professionelles Feedback zu Herzen nehmen. Ich entscheide, wie ich es verwende; ganz, in Teilen oder gar nicht.

Möglicherweise werde ich Dich in der Anfangszeit von unserem neuen Umgang miteinander öfter und immer wieder, freundlich und konsequent, darauf hinweisen, dass Dein Platz die Stille und das Sofa sind. Du schweigst bitte, bis ich Dich frage und Du nimmst meinen Wunsch nach Ruhe an.

Ich danke Dir sehr für Deine Unterstützung, mein guter Ratgeber Ratio.“

Schau Ratio nochmal an. Sieht gut aus, auf dem Sofa, gell?! Lasse ihn, mit gutem Gewissen, dort! Nun drehe Dich um und gehe zurück zu der untersten der zehn Stufen.

Jetzt gehst Du wieder nach oben, ganz leicht. Geh auf Stufe zehn. Mann, war das toll, Ratio so klar kennen gelernt zu haben. Tritt nun auf Stufe neun. Es war ganz einfach, die neuen Spielregeln vorzustellen. Steige auf Stufe acht. Es ist leichter als gedacht ... welch Ironie. Geh weiter hoch, auf Stufe sieben. Alles gut, alles geht leichter ... als gedacht. Stufe sechs. Du wirst wieder wacher. Stufe fünf. Welch wundervolle Erkenntnisse. Stufe vier. Sehr gut. Geh höher, trete auf Stufe drei. Wie einfach das Leben nun sein wird **freu**. Stufe zwei. Begleitet von einem cleveren Ratgeber. Stufe eins. Du bist oben angekommen. Klasse. Du hast in Dir alles an Wissen und Erkenntnissen, lässt ihnen freien Raum, sich zu entfalten. Es geschehe zu Deinem Wohle.

Nimm Dir einen Augenblick Zeit, wieder vollkommen im Hier und Jetzt anzukommen. Freu Dich über die Feinsinnigkeit und den Humor, wie Du es auf dieser anderen Seite wahrgenommen hast. Lass es jetzt einfach wirken und geschehen. Idealerweise sitzt Du noch ein bisschen bequem vor Dich hin, schaust paar Löcher in die Luft und genießt den Moment. Lass Dir Zeit bis Du weiterliest. Du hast alle Zeit der Welt. Sei gelassen und milde wie Mondlicht **kicher**. Dicke Umärmelung. War toll, ich danke Dir.

DEIN RATGEBER „EGO“

„Man braucht den Rat anderer nicht zu befolgen,
damit sie sich gut fühlen.
Es genügt, sie um Rat zu fragen.“
- Laurence J. Peter -

Es geht weiter auf Deinem Weg, zurück zu Deiner Klarheit. Du kennst das nun schon und gleichzeitig wird es anders sein. Darum sei erwartungsfrei und bedingungslos – jetzt und grundsätzlich. In naher Zukunft wirst Du einen weiteren Deiner Ratgeber erkennen. Stimme Dich dafür ein, mach es Dir bequem, fühle Dich wohl. Stell Dir vor, Du bist in einer wunderschönen, einsamen Landschaft an einem ruhigen Fluss, der langsam neben Dir fließt. Luft und Wasser geben eine ganz besondere Atmosphäre und Du genießt sie. Du blickst auf den Fluss, sein Wasser fließt nach rechts, um eine Biegung. Du bist gespannt, was dahinter ist und drehst Dich jetzt nach rechts. Mach Dich auf den Weg. Stell Dir vor, wie Du auf Deine Füße blickst. Geh jetzt den ersten Schritt, mit dem Fluss. Welch schöne Erde, so sanft, so sicher. Geh Schritt zwei. Links neben Dir fließt der Fluss. Geh Schritt drei. Vielleicht spürst Du ein bisschen Gischt vom Wasser, vielleicht nicht. Mach Schritt vier. Mit jedem Schritt entspannst Du, mehr und mehr. Geh Schritt fünf. Hol einen tiefen Atemzug. Gut. Mache den Schritt sechs. Mit dem Blick zur Erde wirst Du ruhiger und ruhiger. Geh Schritt sieben. Entspannung, Ruhe, Vertrauen. Geh Schritt acht. Du kommst immer mehr in Deiner inneren Gelassenheit an. Mach Schritt neun. Wundervoll, Du gehst vorwärts und gleichzeitig bist Du entspannt. Schritt zehn. Du bist angekommen. Du bist den Weg gegangen. Den Weg, um gleich eine wichtige Wesenheit bewusst kennen zu lernen. Stell Dir jetzt vor, wie Dein Ratgeber „Ego“ ganz in Deiner Nähe steht. Langsam lässt Du Deinen Blick schweifen und dieser erfasst Ego. Hebe Deine Augen und nimm Ego nun in aller Gesamtheit wahr. Wen oder was siehst Du jetzt vor Dir? Welche Gestalt oder Form hat Ego angenommen? Schau Deinen Ratgeber an. Nimm Dir bewusst einen Augenblick dafür Zeit. Jetzt.

- Lesepause -

Wisse, Dein Ratgeber „Ego“ muss für Dich nun erkennbar sein. Ziert er sich? Braucht er, mal wieder, Aufmerksamkeit und Anerkennung? Lass das nicht zu. Du bist der Meister Deines Lebens. Nimm die erste Gestalt, die sich zeigt, oder kreiere für dieses Mal eine. Du weißt, auch Ego kann sich über Deine Lebenszeit hinweg verändern. Alles ist im Fluss. Dein Ratgeber „Ego“ zeigt sich jetzt so, dass Du mit ihm kommunizieren kannst.

Sehr gut. Los geht‘s!

Ich gehe davon aus, dass Ego jetzt vor Dir steht. Denke, spreche oder fühle folgende Worte in gleicher oder für Dich stimmiger Art:

„Lieber Ratgeber Ego, schön, Dich jetzt bewusst wahrzunehmen. Gut siehst Du aus. Du hast Dich mein Leben lang darum gesorgt sowie dafür gesorgt, dass ich von den Menschen Aufmerksamkeit, Anerkennung und Lob erhalte. Du hast gut erkannt, was wie im außen funktioniert und wie Du mir etwas Liebes zukommen lassen kannst, damit ich glücklich bin und meinen Stellen-Wert in der Gesellschaft habe. Das hast Du toll und aufopfernd getan, für mich. Ich danke Dir dafür sehr. Ich weiß, Du hast es gut gemeint.

Für mich habe ich erkannt, dass mir dieses gut meinen nicht mehr dient. Zusätzlich bringt mich mein Wunsch nach Anerkennung in eine Abhängigkeit. Mir scheint, ich, Du, wir hecheln der Aufmerksamkeit anderer hinterher und haben uns bei diesem Wett-Rennen selbst verloren. Doch ich möchte mich wieder finden, erkennen, wer ich bin. Wirklich ich. Ich möchte zurück zu meiner FREIheit und selbstLIEBE. Doch den Weg kann ich nicht gehen, solange meine Fokussierung auf das Außen gerichtet ist. Anerkennung ist schön, doch nicht das Hauptgericht, sondern maximal die Kirsche auf dem Eisbecher zum Dessert. Darum möchte ich mich jetzt wieder der Hauptsache in meinem Leben zuwenden: Liebe, Klarheit, Weisheit. Und zwar aus mir heraus. Dafür ist es mir sehr wichtig, dass Du mir dabei hilfst. Ich weiß, dass Du das gut kannst. Danke für Deine Unterstützung, das ist sehr lieb von Dir.

Lieber Ratgeber Ego, ich schau Dich an, Du bist vor mir, zu meiner linken

Seite. Etwas weiter hinten, links, sehe ich ein Sofa stehen. Ein ganz tolles Sofa, was Deiner Gestalt absolut gerecht wird. Nimm darauf bitte Platz, jetzt!

Das ist nun Dein Platz. Zu meiner Linken, mit Abstand, mit einer ruhigen, gelassenen Ausstrahlung. Du bist gewöhnt, dass ich Dich beachte und Deinen Ideen folge. Das wird sich ab jetzt ändern. Ich finde Dich toll, doch mein Blick richtet sich nun weniger nach außen, sondern viel mehr nach innen. Ich suche die Klarheit meines Herzens und finde sie in mir. Das funktioniert aber nur, wenn Du mir ab jetzt nicht mehr dazwischen funkst, ob nun gut gemeint oder aus Gewohnheit. Du nimmst mir zu viel Raum in meinem Leben und bei meinem Sein ein. Denn damit werde ich eben nicht selbstbewusster und selbstsicherer, sondern ich tanze nach Deiner Pfeife und der der Menschen. Das will und werde ich nun nicht mehr! Ich bin kritikfähig, nehme an, was Menschen zu mir sagen. Doch hiermit gebe ich den Wunsch auf, so sein zu wollen, wie sie mich haben wollen. Ich Bin so, wie ich Sein möchte. Das ist mein Weg und mein LebensSinn! Dein Schweigen oder Schreien oder Zicken oder Jammern will ich dabei nicht mehr haben. Mach das, alleine, auf Deinem Sofa oder lass es. Hauptsache Du lässt mich ab sofort damit in Frieden!

Ich will meinen Frei-Raum von Dir. Ich erwarte, dass Du still und wohlgesonnen auf Deinem Sofa sitzt und dort bleibst. Lass mich mit jeglicher Form von Aufmerksamkeitsheischerei in Ruhe. Gönn Dir doch selber ein bisschen Ruhe. Setz Dich auf Diät, nimm ab und gib mir meinen Raum zurück. Und Schweige.

Möglicherweise fällt Dir das anfangs schwer. Vertraue, Du dienst mir damit, wenn Du mich in Frieden Sein lässt. Diese neue Weise will wachsen, lass es geschehen. Solltest Du dennoch erst mal in Deine alte Gewohnheit verfallen, mich zu Anerkennung führen zu wollen, werde ich Dich freundlich und konsequent dabei stoppen. Dein Platz ist ab sofort die Stille und das Sofa. Ich weiß, Du wirst das ganz toll machen.

Ich danke Dir sehr für Deine Unterstützung, mein guter Ratgeber Ego."

Schau Ego nochmal an. Hübsch, da auf dem Sofa. Passt prima zusammen, von Farbe und Stil ☺ Wink nochmal, dreh Dich um.

Jetzt gehst Du wieder am Fluss entlang. Geh zurück. Schritt zehn. Ego kennen gelernt, tolle Erfahrung. Schritt neun. Ein nettes Wesen. Schritt acht. Du fühlst genau, dass Ego verstanden hat, worum es Dir geht. Schritt sieben. Du fühlst Dich schon LEICHTer und FREIer. Schritt sechs. Mit jedem Schritt von Ego weg kommst Du immer mehr in Dir an. Schritt fünf. Das fühlt sich so liebevoll an. Schritt vier. Welch wundervolle Erkenntnisse. Schritt drei. Alles, was Dir nicht mehr dient, lässt Du los. Schritt zwei. Es fühlt sich in Dir immer KLARer und LICHTer an. Schritt eins. Wundervoll. Du bist angekommen, am Anfang Deines neuen Lebens. Zurück auf dem Weg zu Deiner inneren Klarheit, den Du voller Selbstliebe und Selbstbewusstsein gehst. Es geschehe zu Deinem Wohle.

Huuhuuu, das bist Du ja. Schön. Das war ein Weg. Und nun wartest Du bitte, liest nur noch das Kapitel zu Ende und machst dann erst mal eine Pause. Steh auf, trink Wasser oder Tee, schau aus dem Fenster. Mach, was Dir am Herzen liegt. Und lass dabei wirken, was Du eben erlebt hast. Schau Dich an, Du bist so weit gekommen. Jetzt mit Deinem wirklichen, inneren Selbstvertrauen kannst Du weiter gehen, in Deinem Leben, so wie Du es Dir wünschst. Genieß erst mal ... wir sehen uns gleich wieder **stups**.

DEIN RATGEBER „HERZ"

„Ein guter Rat ist wie Schnee.
Je sanfter er fällt,
desto länger bleibt er liegen
und um so tiefer dringt er ein."
- Simone Signoret -

Nun wirst Du den dritten Deiner Haupt-Ratgeber kennen lernen: „Herz".

Herz schlägt immer für Dich, ist liebevoll, erwartungsfrei, friedlich, geduldig und bedingungslos. Ein wahrer, weiser Ratgeber, von dem Du sehr, sehr viel lernen kannst. Ein Ratgeber, der sich nicht in den Vordergrund drängt, sondern ab-wartet bis Du soweit bist. Nun ist es an der Zeit. Du bist auf einer Stufe Deiner Persönlichkeitsweiterentwicklung angekommen, an der Du Dich der Suggestion und Manipulation von außen entledigst, somit bereit bist für die Weisheit und Intuition in Deinem Herz. Ihr werdet ab sofort wieder stärker und bewusster mitEINander verBUNDen Sein. Du wirst es lieben!

Du bist nun darin geübt, Dich zu entspannen, dem Fluss zu vertrauen und für die geistige Führung offen zu sein. Das dient Dir in jedem Augenblick Deines Lebens und besonders jetzt. Stelle Dir vor, wie Du in einer wunderschönen, angenehm warmen Natur bist und auf einem bequemen Schaukelstuhl sitzt. Er trägt Dich, sein leises Schaukeln gibt Dir Ruhe und Entspannung. Du ruhst, im wahrsten Sinne des Wortes, auf dem Schaukelstuhl und genießt die sanfte Bewegung.

Du stellst Dir jetzt vor, ein bisschen bewusster zu schaukeln und bei jedem hin-und-her wirst Du tiefer und tiefer entspannen. Du kannst Dich ganz einlassen sowohl selbst aktiv zu schaukeln als auch passiv mit dem angenehmen Schwung des Stuhls mitzugehen. Und so schaukelst Du Dich zu Deinem Ratgeber „Herz“: eins, zwei, drei, vier, fünf, sechs, sieben, acht, neun, zehn. Schon während des Schaukelns hast Du gefühlt, wie sich Herz immer klarer manifestiert. Genau jetzt siehst Du, wer oder was der Ratgeber „Herz“ darstellt. Dieses Wiederfinden gehört zu den schönsten, ehrlichsten, gesegnetsten Momenten Deines Lebens. Ob Dir die Tränen kommen oder nicht, das ist ein wahrlich berührender und heiliger Augenblick. Spüre das, koste es aus, beobachte und nimm Herz war. Jetzt. Leg das Buch auf die Seite, schließ Deine Augen und fühle. Wenn Du wieder soweit bist, warten das Buch und meine Worte auf Dich.

- Lesepause -

Dein Ratgeber „Herz“ ... Wie sieht er aus? Nimm die erste Form, die Du wahrnimmst. Wie fühlt er sich an? Wer oder was ist er? Welchen Duft hat er vielleicht sogar? Spüre auch hin, wie sich Dein Körper verändert. Wie fühlt sich die Präsenz dieses Ratgebers an? Was hat sich an Dir, in Dir und um Dich herum verändert? Wie ist Energie und Schwingung, von Dir und Herz? Fühle da jetzt bitte nochmal genau hin. Nimm es wirklich wahr und auf. Erkenne wie es sich anfühlt, wenn Dein Ratgeber „Herz“ ganz bewusst und nah bei Dir ist. Nochmal das Gleiche: Buch weglegen und hinfühlen. Wenn Du bereit bist ... weiterlesen.

- Lesepause -

Sehr gut. Du brauchst Deinen Ratgeber „Herz“ nirgends zu positionieren bzw. wenn Du das tun möchtest ... tu es. Schaffe die Nähe und Verbundenheit, wie es für Dich stimmig ist. Sie wird sich eh verändern, klarer, bewusster, tiefer und vertrauter werden. Das ist ein ganz besonderer, wertvoller Moment in Deinem Leben.

Lasse Deinen Ratgeber „Herz“ folgendes, so oder in einer für Dich stimmigen Weise, wissen:

„Herz, danke, dass Du mir die Zeit gegeben hast, mich zu entwickeln. Ich habe bereits Ratio und Ego kennen gelernt und neue Spielregeln mit ihnen vereinbart. Ab jetzt lassen sie mir mehr Raum. Ab jetzt übe ich mich darin, wieder den Zugang zu Deiner Klarheit und Sprache zu finden. Bitte schicke mir deutliche Impulse und hilf mir dabei, besonders anfangs, sie richtig zu deuten. Unterstütze mich, Deine Impulse zu erkennen und danach zu handeln. In Klarheit und mit SelbstBewusstSein. Ab jetzt werde ich oft mit Dir in einen bewussten Dialog treten, weniger Ratio und Ego wirken lassen, sondern fühlen, was aus Deiner SichtWeise stimmig ist. Darüber hinaus entwickle ich auch das Selbstvertrauen mit den re-Aktionen der Menschen klar zu kommen. Wie diese auch sind, bitte hilf mir, in meiner klaren Mitte zu sein und zu bleiben.

Ich danke Dir aus tiefstem Herzen, dass Du mich begLeitest und freue mich, mit Dir von Tag zu Tag mehr und mehr in meiner Klarheit zu sein."

Du darfst stolz auf Dich sein. Du bist weit gekommen und Du bist auf diesem Weg beschützt. Herz ist immer für Dich da. Diese Erkenntnis ist nun in Dir, ist die Basis Deiner inneren Klarheit. Deine Selbstliebe wird auf gesunde Weise wachsen. Und jetzt gehst Du wieder vollkommen in die Dimension Deines jetzigen Lebens zurück. Schaukel wieder bewusst, hin und her. Zehn, neun, acht, sieben, sechs, fünf, vier, drei, zwei, eins. Du bist im Hier und Jetzt, hast alle drei Ratgeber kennen gelernt und ihnen ihren wahren Platz gegeben. Alle Erkenntnisse dienen Dir zur Erfüllung Deiner Lernaufgaben und Deines Seelenplans. Es sei zu Deinem Wohle.

Gut gemacht. Nimm Dir erst mal Zeit, nach und nach alle drei Ratgeber klarer zu erkennen und fühle besonders in Dein ♥

WILLKOMMEN ZURÜCK IN DEINER KLARHEIT!

„Niemand kann Dich besser beraten als Du selbst.“
- Marcus Tullius Cicero -

Alle drei Ratgeber haben Dich bereits Dein ganzes Leben begleitet. Allerdings unbewusst und, bezüglich Ratio und Ego gesprochen, nicht immer förderlich. Doch sei's drum, Du kannst es auch wieder so sehen, dass sich das jeder Mensch so in seinen Seelenplan schreibt a la: erst durch das Tal der Tränen und dann hoch zur LICHTung.

Jetzt ist nur eines wichtig: Du kennst nun Deine inneren Ratgeber. Sie wirken nicht mehr unbewusst, sondern Du erkennst, wenn sich Ratio oder Ego einmischen. Du wirst ihnen ganz klar sagen, was Du von ihnen erwartest … vor allem Ruhe.

Aus meiner Erfahrung und Entwicklung kann ich Dir sagen: Es funktioniert.

Was habe ich früher abends wach im Bett gelegen, 827 Mal den gleichen Gedanken durchgrübelt und der Zeit beim sinnlosen Verstreichen zugeschaut. Stunden sind vergangen und das Zergedenke hat nichts gebracht, außer dass ich am nächsten Morgen müde war … und am nächsten … und am nächsten …

Es hat gedauert, bis ich das Suggestions-Programm erkannt habe und meine Ratgeber. Als es soweit war, dachte ich mir nur: Gott, wie einfach, klar und naheliegend. Warum bin ich denn da nicht schon früher drauf gekommen?

Da sind wir wieder bei den Themen Lernaufgaben und Seelenplan. Als Mensch erinnere ich mich nicht mehr (an alles), doch ich bin mir vertrauensvoll sicher, dass meine Seele in ihrer Klarheit, Liebe und Weisheit schon das passende „Lebenspaket“ geschnürt hat. Ob ich mich mit dieser Philosophie täusche oder nicht, spielt für mich keine Rolle. Seit ich sie im Jetzt lebe, bin ich gelassener, klarer, weiser und glücklicher. Vielleicht stelle ich bei meinem Tod fest, dass ich an den totalen Käse geglaubt habe … aber hey, jetzt geht's mir damit nicht nur gut, sondern um ein Vielfaches besser als früher, als ich noch schlafend vor dem Vorhang saß. Mir wird ein kleiner Blick hinter die Kulissen gewährt. Was ich da sehe ist wundervoll. Dabei habe ich nicht den Anspruch an mich, alles zu verstehen. Ich erlebe es. Ich bin glücklich. Ich möchte andere Menschen auch glücklich machen. Was könnte ich mehr erreichen? Nichts! Und Nichts ist die Leere, die mich erfüllt.

Wieso kommst Du zurück zu Deiner Klarheit?

Weil Du jetzt Deine Ratgeber (er)kennst!

∞ Ratio wird Dich mit Beweisen weder schocken noch manipulieren.
∞ Ratio kann Dir nicht mehr vorrechnen, dass es Dich viel billiger kommt, wenn Du die Kröte frisst.
∞ Ego kann Dir nicht mehr suggerieren, dass Du für ein Arschloch noch mehr Verständnis haben und die Klappe halten musst.
∞ Ego kann mit der Fahne *„Aber dann haben sie Dich nicht mehr lieb“* vor Deiner Nase wedeln … und es ist Dir schlicht wurscht.
∞ Herz lässt Dich fühlen, was für Dich stimmig ist.
∞ Herz zeigt Dir, welchen Wert Du hast.
∞ Herz verbindet Deine guten Manieren mit einem scharfen Abwehrmechanismus gegen Menschen, die Dir nicht gut tun.
∞ Herz führt Dich, gibt Dir Klarheit und Selbstvertrauen in dICH, um im außen Dein Leben so zu gestalten, wie es für Dich stimmig ist.

Das sind nur ein paar der neuen Aspekte in Deinem nun beginnenden Leben. Du wirst bald spüren, dass es nicht nur wie beim Domino-spielen ein Teil ist, das alles nach sich zieht, sondern auch, wie beim Mikado-spielen, dass alles mitEINander verBUNDen ist. Du kannst gar nicht so präzise planen, wie sich ab jetzt alles fügen wird.

Warum? Weil es so sein soll!

Wieso gelingt es jetzt? Weil Du soweit bist!

Was ist jetzt anders? Du! Du und Deine Ausstrahlung.

Klarheit kannst Du nicht herdenken oder spielen. Klarheit ... als Rolle ... vergiss es ... das funktioniert nicht. Und das was funktionieren würde, würde auf Kosten Deiner Gesundheit gehen. Kennst Du schon. Brauchst Du nicht mehr. Kann jetzt weg.

Klarheit wird man Dir ansehen. Das ist eine AUSstrahlung die von INnen kommt. Menschen, die bei mir im Guiding waren, sehen schon nach einer Session aus als wären sie paar Wochen im Wellness-Urlaub gewesen. So erzählte z. B. ein Kunde, dass eine Dame, bei der er seit Jahren seine Lebensmittel kauft, fragte, wo er denn im Urlaub gewesen sei und dass dieser ja fantastisch gewesen sein muss, so entspannt wie er wirkte und aussah. „Wo", nicht „ob"? Gibt's ein besseres, neutraleres Feedback als von jemandem, der einen zwar lange, aber keine Hintergründe kennt? Vielleicht beginne ich irgendwann mal mit vorher-nachher-Fotos. Ich sehe einem Menschen an, wenn er auf dem Weg zurück zu seiner Klarheit ist. Nach dem Guiding ist wieder ein Strahlen da, auf der Haut, in den Augen. Es ist sensationell. Das kann man nicht spielen, das kann man nur sein. Das muss man nicht glauben, das darf man selbst erleben.

Deine Ratgeber ... ja, Ratio und Ego ... werden Dir anfangs wahrscheinlich noch ein bisschen reinquatschen. Hey, hab Geduld. Sie durften Jahrzehnte lang Dein Leben durcheinander bringen und müssen jetzt aufräumen. Hab Verständnis, dass sie sich damit noch ein bisschen schwer tun. Aber – wichtig – lass ihnen nichts durchgehen.

Du liegst abends im Bett, willst schlafen und Ratio fängt eine Debatte an. Statt Dir Pro und Contra in epischer Breite anzuhören, weist Du klar, freundlich und konsequent auf die Spielregeln hin: Ab auf's Sofa und Klappe zu ... da gerade Nacht ist auch gerne die Augen.

Du spürst, dass Dich ein Freund anlügt oder nicht wertschätzt, möchtest ihm das aber nicht sagen, denn Ego meint, Du könntest ihn damit vor den Kopf stoßen. Häää. Brauchst Du das wirklich (noch)?? Ein Mensch wertschätzt Dich nicht? Ab jetzt entscheidet nicht mehr Ego, ob Du Dir das gefallen lässt, sondern Du.

Du wirst ähnliche Lebenssituationen erleben. Du wirst beobachten, wie Du sie ab jetzt anders angehst ... und somit auch, dass was anderes bei rauskommt. Es wird ein Wandel. Auch in Deinem Umfeld.

Unabhängig davon, was auf Dich zukommt, Dich begLeitet jetzt eine wichtige Basis: Ratio und Ego sind stiller. Herz zeigt Dir den Weg und liebt Dich. Klarheit ist die Summe dieser Einzelteile!

Es geht also nicht mehr rational um Messbares und egotional, äh, emotional um Anerkennung – was beides im außen ist. Es geht um Liebe, Klarheit, Weisheit, Achtsamkeit, Verständnis, Mitgefühl im innen ... das auch nach außen wirkt.

Achtung: Das bedeutet jetzt nicht, dass Du weiterhin die Wangen hinhalten sollst! Es bedeutet, dass Du wieder fühlst, was für Dich klar ist ... + danach handelst. Mit voller Selbstverantwortung und Konsequenz.

Und das zusätzlich WUNDERvolle ist, dass Du eine immer höhere geLASSENheit und GLEICH=gültigkeit lebst. Das Wort „gleichgültig" habe ich früher negativ bewertet. Klar, Ego suggerierte z. B., dass „gleichgültig" gleichbedeutend mit „nicht liebenswert" ist ... und ich hab's geglaubt ... und mich mies gefühlt.

Heute mag ich das Wort und schreibe es ganz anders. Wenn (mir) etwas gleich=gültig ist, bedeutet das, es ist gleich=WERTig mit etwas anderem. Zum Beispiel: Ob wir ins Kino oder spazieren gehen ist mir gleich=gültig. Da sagt mein Spielrahmen Ja.

Definiere Deinen Spielrahmen (+ neu)!!

? Was ist für Dich okay = ein Ja

? Was ist für Dich nicht (mehr) okay = ein Nein

? Was ist Dir wurscht bzw. gleich=gültig

Deine Antworten geben Dir Ruhe und auch geLASSENheit in heiklen Situationen. Du wirst nicht mehr laaange an der Situation rumgrübeln und danach ewig drauf rum leiden. Du hast Deinen Spielrahmen definiert. Wenn Dir dieser signalisiert, dass das so für Dich nicht stimmig ist, wirst Du sofort reagieren. Nicht böse oder aggressiv, sondern klar. Als Mensch wirst Du daraus lernen. Als Spirit machst Du eine Erfahrung. Interessant. ♥

Diese Gelassenheit führt wiederum dazu, dass Dir die Situation gleich=gültig ist, weil Du sie erkennst als das, was sie für Dich war: Eine Übung mit einem guten Sparringspartner.

Worte sind wichtig, sie haben eine beDeutung – allgemein und für jeden Menschen. Doch um sie bilden zu können, hast Du vorerst Gedanken. Die wiederum werden aus Deinen Gefühlen gebildet. Davor sind Einstellung, Werte und sicher auch, was Du Dir für dieses Leben an Lernaufgaben in Deinen Seelenplan geschrieben hast. Darum übe Dich in Klarheit und somit auch in (D)einer klaren Kommunikation!

Achte auf Deine innere Einstellung,
denn sie wird zu Deinen Gefühlen.
Achte auf Deine Gefühle,
denn sie werden zu Gedanken. - Manuela Starkmann -

Achte auf Deine Gedanken,
denn sie werden zu Worten.
Achte auf Deine Worte,
denn sie werden zu Handlungen.
Achte auf Deine Handlungen,
denn sie werden zu Gewohnheiten.
Achte auf Deine Gewohnheiten,
denn sie werden Dein Charakter.
Achte auf Deinen Charakter,
denn er wird Dein Schicksal. - Konfuzius -

Je mehr Du in Deiner Klarheit bist, umso LICHTer wirst Du und das erHELLt Dein Leben. Was willst Du (wirklich)?? Du wirst feststellen, wie die Mauern und Grenzen in Deinem Kopf einfallen. Ratio kann sie nicht mehr (aufrechter)halten. Wozu auch? Du wirst auch feststellen, dass Du vieles nicht mehr tust und anderes dafür bewusst und gerne, weil Du Dir von Ego nicht mehr einreden lässt, was *„zu Deinem Besten ist“*, sondern selbst weißt, was das ist.

Es ist noch ein bisschen Übung und wichtig, den Unterschied zu erkennen: Kommt der Impuls von Ratio und / oder Ego oder wirklich von Herz?

Bedenke, Ratio und Ego sind spitzfindig. Anfangs werden sie weiterhin versuchen, Dich in die wohlgemeinte Irre zu führen. Es ist ein feiner Grat zu erkennen, ob ein Impuls von Ratio und / oder Ego getarnt als Herz kommt oder ob er wirklich von Herz ist. Lass Dir Zeit, das zu erkennen. Ich hab das auch erlebt und wäre es manchmal nicht so perfide, wäre ich vom fantasievollen Einfallsreichtum von Ratio und Ego beeindruckt. Doch ich erwarte nun von ihnen, dass sie ihre Fähigkeiten genau so einsetzen, dass sie mir dienen ... und nicht, dass die beiden weiter die HERRschaft über mein Leben haben.

Vertraue. Gleich als Baby, auf dessen hohem Niveau bei Deiner Geburt, hier auf der Welt in die „Lehre“ zu gehen, wäre sagenhaft. Lief aber anders. Du bist erst verzogen worden und nun gehst Du, im wahrsten Sinne des Wortes, in Deine Ent-wicklung. Dieses Aufribbeln vererbter Glaubenssätze und erlernter Erfolgsbremsen ist ein Prozess. Erinnere Dich: denken, fühlen, handeln. Du bist gerade beim Lesen und somit Denken. Gleichzeitig fühlst Du schon, auch, weil Du Dich ja bereits mit Dir und dem Leben beschäftigst. Danach kommt das Üben, Handeln, Erfahren. Daraus folgt die Erkenntnis. Es ist einfacher als Du glaubst. Nicht (nur) weil ich Dir das hier gerade schreibe, sondern weil mir das sooo viele meiner Kunden nach dem Guiding sagten: *„Klarheit ist einfach.“*

Nächster Schritt der Weiter-Entwicklung

Irgendwann verlässt Du den Lern-Weg von: denken, fühlen, handeln. Wenn Du soweit bist – und bitte, lass Dir Zeit dafür – erkennst Du, dass der Part „denken“ nur eine Beschäftigungsmaßnahme für Ratio war. Anfangs ist dieser Entwicklungsschritt wichtig.

Bildlich gesprochen: Es geht nicht um eine kurzfristige (meist nicht nachhaltige) Diät, sondern um eine wirkungsvolle Ernährungsumstellung ... bei Ratio sowie Ego. Statt ihnen von jetzt auf gleich alles Bekannte zu verwehren – was eventuell dazu führt („Jojo-Effekt“), dass sie noch stärker werden – gibst Du Euch allen Zeit. Und es ist vollkommen schadlos, wenn Du Ratio ein bisschen was zum Denken gibst. Während Du ihn damit ablenkst, tust Du das, was Du von Augenblick zu Augenblick vertiefst: Du fühlst den ersten Impuls.

Um zurück zu Deiner Klarheit zu kommen, Schritt für Schritt, geht es immer nur darum, dass Du wieder den ersten Impuls wahrnimmst. Nenne es, wie Du willst: erster Impuls aus Deinem Herz, Bauch, Bauchgefühl, Intuition, Geistführer.

Das ist das ganze Geheimnis: Erkenne den ersten Impuls und lebe danach!!

Auch noch wichtig: Du kannst die Menschen nicht verändern, doch Du darfst Dich verändern. Sei dabei lieb zu Dir und geduldig. Wenn etwas noch nicht klappt, klappt es halt später. „Noch“ ist ein wundervolles, sanftes Wort. „Noch“ beinhaltet alles von „bald“ bis „nie“. Die Entscheidung dafür obliegt alleine Dir.

Ich kann z. B. Algebra noch nicht. Das wird auch so bleiben, weil ich mich bewusst dazu entschieden habe, dass ich dem, was mir nicht liegt, weder Aufmerksamkeit noch LebensZeit widme.

Heilung, Menschen bei der Selbst-Heilung zu helfen, liebe ich sehr. Hierbei bin ich immer noch am Lernen und werde dabei gleichzeitig Tag für Tag durch die Unterstützung meiner Geistführer wirkungsvoller. Genau deshalb gebe ich meine LebensZeit von Herzen gerne für diese lebensaufGABE.

Somit ist ein Satz wie „*Ich bin noch nicht soweit*“ sehr selbstreflektiert. Es ist einfach noch nicht die Zeit. Ob die Zeit je kommt, entscheidet der Satzbesitzer. Ganz einfach.

So entscheidest selbstverantwortlich immer Du, was Du tust, sowie was Du unterlässt. Du bist kein Opfer, sondern Du bist Spirit und zur Zeit ein Mensch. Das, was Du noch nicht gebrauchen kannst, legst Du schlicht zur Seite – das gilt für alles in Deinem Leben wie auch für dieses Buch. Womit Du jetzt noch nichts ANFANGen kannst, gibst Du keine Energie drauf. Auch keine Meckerei oder Lästerei. Ein Mensch in seiner Klarheit mault nicht rum. Das ist nicht (mehr) sein Schwingungs-Level. Ein Mensch in Klarheit beobAchtet, ist geduldig und freudvoll. So lernt und entwickelt sich ein Mensch auch viel lieber und schneller.

Mir ist Spaß und Freiheit sehr wichtig. Immer. Und somit auch im Guiding. Teilnehmer hatten am Ende von zwei Tagen mit mir überrascht das Feedback gegeben „*Du hast uns Spaß und Freiheit versprochen ... und so war es auch.*“ Äh. Ja, klar!

Zum einen, weil der Mensch nur so offen für Veränderung ist.

Zum anderen, weil ich einen ganz simplen Spielrahmen habe:

∞ Wenn ich etwas sage, tue ich es.

∞ Wenn ich es nicht tue, sage ich es.

Sei ein klarer Mensch und lass Deinen Worten die dazu passende Handlung folgen.

Nun fügt sich Dein Leben. Ratio und Ego treten zurück, Herz dafür nach vorn. So wirst Du in Deiner Klarheit sein. Zwei Sätze zum Abschluss:

Gott gibt Dir nur die Aufgaben, die Du meistern kannst.

Du dienst der Welt nicht, wenn Du Dich klein machst.

ENDE

„Die größte Entscheidung Deines Lebens liegt darin,
dass Du Dein Leben ändern kannst,
indem Du Deine Geisteshaltung änderst."
- Albert Schweitzer -

Lieber Spirit und Mensch, wir kommen nun zum Ende dieses Buches. Ich möchte Dir ans Herz legen, über Dein Leben hinweg immer wieder darin zu lesen. Warum? Weil ich die Erfahrung gemacht habe, dass in einem Buch, je öfter ich darin lese, immer mehr erkenntnisreiche Impulse stehen, für die ich vormals wohl noch nicht bereit war.

Wenn ich Schlau-Bücher lese, markiere ich mit Textmarker, was mir zu der Zeit viel bedeutet. Spannend ist das, wenn ich mit der Farbe Gelb beginne und beim nächsten Lesen Orange verwende. Nach dem zweimaligen Lesen habe ich drei Arten von Erkenntnissen:

∞ Was gelb ist und bleibt, hat mir damals was gesagt. Ist jetzt immer noch gut, doch nicht mehr so wegweisend.
∞ Was gelb mit darüber gemaltem orange ist, hat damals wie heute Bedeutung.
∞ Was orange ist, stand zu der „gelben Zeit" auch schon im Buch, ist mir aber nicht aufgefallen, weil wohl gerade noch was anderes dran und somit vorrangig war.

Alles was Spaß macht und Sinn stiftet, darf man öfter als zwei Mal tun ;-)

Was Du in diesem Buch findest, ist mein Leben. Selbst erlebt und mit dem tiefen Wunsch, es weiterzuGeben. Das ist meine BERUFung: Guiding.

Ich bin vorausgegangen, habe das Lebens-Gebiet erkundet, Versuch und Irrtum sowie Lösung erlebt, die Essenz aus allem möchte ich mit Dir TEILEn.

„An den Scheidewegen des Lebens stehen keine Wegweiser."
- Charlie Chaplin -

Ja, viele Erfahrungen muss man selber machen. Im Leben gibt es keine Abkürzungen. Doch ich sehe es als meine lebensaufGABE, Dir dabei zu helfen, Deinen Lebens-Rucksack auszuMISTen. Denn dann kannst Du Deinen LebensWeg LEICHTer gehen. Da ich mich von falsch-richtig und ratSchlägen fern halte, wirst Du alles selbst erreichen. Ich habe nur ein bisschen die Lampe mit dem Licht geHALTen, der Erfolg ist Deiner.

Lese, schau Dokus, geh zu Vorträgen und Workshops – doch bitte in Maßen. Als ich vor Jahren mit meiner Ent-wicklung begann, dachte ich (bzw. Ratio gab mir den ratSchlag), ich müsste jetzt alles von anderen, (vermeintlich) schlau(er)en Menschen aufsaugen. Ihr Auftreten suggerierte mir, sie wüssten, wie der Hase läuft. Als Ratio und Ego weiter zurück traten, fühlte ich mein Herz. Ich erkannte, dass ich weniger im außen lernen, sondern mehr im innen erfahren wollte. Und das was ich suchte, konnte ich (nur) in mir finden + es war schon längst da.

Wie gesagt, treten Ratio und Ego zurück, ist es leicht, Deine innere Klarheit wieder wahrzunehmen.

Beispiel heute: Pro-und-Contra-Diskussionen im Fernsehen (halte ich nicht lange aus, doch sie sind eine interessante Studie über Menschen). Es ist dort immer sehr, sehr wichtig, RECHT zu haben. Ratio sitzt während dessen strickend auf dem Sofa und interessiert sich dafür wenig. Die Gäste sind laut, schmeißen mit Beweisen um sich und greifen ihre Meinungs-Gegner verbal an. Doch: Man wird nicht dadurch besser, dass man einen anderen schlecht macht. Ego zieht sich die Decke über den Kopf und versteht gar nicht (mehr), dass man durch solch eine (Un)Art zu Anerkennung kommen will. Kurz beobachte ich das. Erkenne, dass es eh zu nichts führen soll, sondern einfach nur „Brot und Spiele“ war. Herz impulst „*Lass uns Spaß haben*“ und das führt mich zu der Klarheit, dass es für mich nur eine Wahrheit gibt: meine.

Und Du hast Deine Wahrheit. Mit jeder neuen Erkenntnis wird sich diese wieder transFORMieren. Gar nicht schlimm, sondern vollkommen normal. Anders geht's doch gar nicht. Und das ist WUNDERvoll.

So fühle genau hin, wer Dir Impulse geben darf (außen) und wen Du damit fütterst (innen). Ratio und Ego sind erst mal auf Diät! Erinnere Dich und sie daran. Also füttere sie nicht mit „Wissen“ von anderen und beobachte auch nicht den Egoschwanzlängenvergleich. Nur weil jemand laut seine Ansicht vertritt und dafür eine Plattform hat, heißt das noch lange nicht, dass er die Weisheit mit Löffeln gefressen hat. Nimm es wahr und packe es in Dein imaginäres Körbchen „interessant“. Übe Dich darin bewertungsfrei zu sein. Unterlasse auf irgendwelchen Facebook-, Twitter-, Amazon- oder sonst-was-Social-Media-Seiten Deinen Unmut zu äußern. Wende Dich lieber dem zu, was Dir Spaß macht und Sinn bringt. Und erlaube Dir, immer weniger (weniger, nicht keine) Impulse von außen zu holen, sondern Dich im innen wieder zu erinnern. Du weißt doch schon alles ... was Du (für dieses Leben) brauchst. Lass das Suchen (im außen) und Finde (im innen). Du bist viel mehr als ein Mensch, Du bist eine weise Seele, ein grenzenloser Spirit. Also lebe und handle danach.

Nun neigt sich für diesmal unsere gemEINSame LeseZeit zu Ende. Wie bei meinem Buch „**Frau, sei nicht dämlich, sei in Deiner Klarheit**!“ hat die geistige Welt wieder exakt für fünf Tage die Botschaft durchgegeben. Ich habe sie nur aufgeschrieben. Lass die Impulse und Essenz auf Dich wirken.

Du kennst den Weg. Du hast alles, um ihn zu MEISTERn.

Bis bald + auf WiederSehen + alles Liebe

Dein Guide
Manuela Starkmann

Lebe Deine Klarheit!

Manuela Starkmann ist Guide und Healer.
Sie führt Menschen zu Klarheit.
Guiding ist die Weiterentwicklung von Coaching in Verbindung mit Wissen, Erfahrung und Intuition.
Healing bedeutet, Menschen beim Heilen bzw. der Selbst-Heilung zu unterstützen.

Manuela ist direkt, anders und lösungsorientiert.
Seit 1999 ist sie selbständig, arbeitet für Unternehmen sowie Privatpersonen und bietet seit 2015 auch öffentliche Events an. Hervorragend angenommen werden die Themen:
LebensSinn, Frau-Sein und HochSensibilität.

Seit 2005 schreibt sie Erfolgs-Tipps, veröffentlicht Ebooks und entwickelt Meditationen.

Am Wertvollsten ist hierbei die der inneren Ratgeber, die Leitplanke auf dem Weg zurück zur eigenen Klarheit.

Manuela gibt des weiteren Tipps und Impulse in vielen Medien, wie z. B. Facebook und auf ihrem YouTube Kanal.

2016 ist unter anderem das Jahr der Buch-Veröffentlichungen und der öffentlichen Events.

Die LebensaufGabe von Manuela Starkmann ist, Menschen zurück zur Klarheit zu führen – privat, beruflich, ganzheitlich.

Manuela Starkmann
Lebe-Deine-Klarheit.de